儀禮疏

〔唐〕賈公彥 撰

杜以恒 解題 校理

圖版

「十四五」國家重點出版物出版規劃項目
二〇二四年度國家古籍整理出版專項經費資助項目
「群經單疏古鈔本彙編及校理（附《論語義疏》）」成果
教育部人文社會科學重點研究基地重大項目
「儒家經典整理與研究」〔19JJD750001〕成果

群經單疏古鈔本叢刊編委會

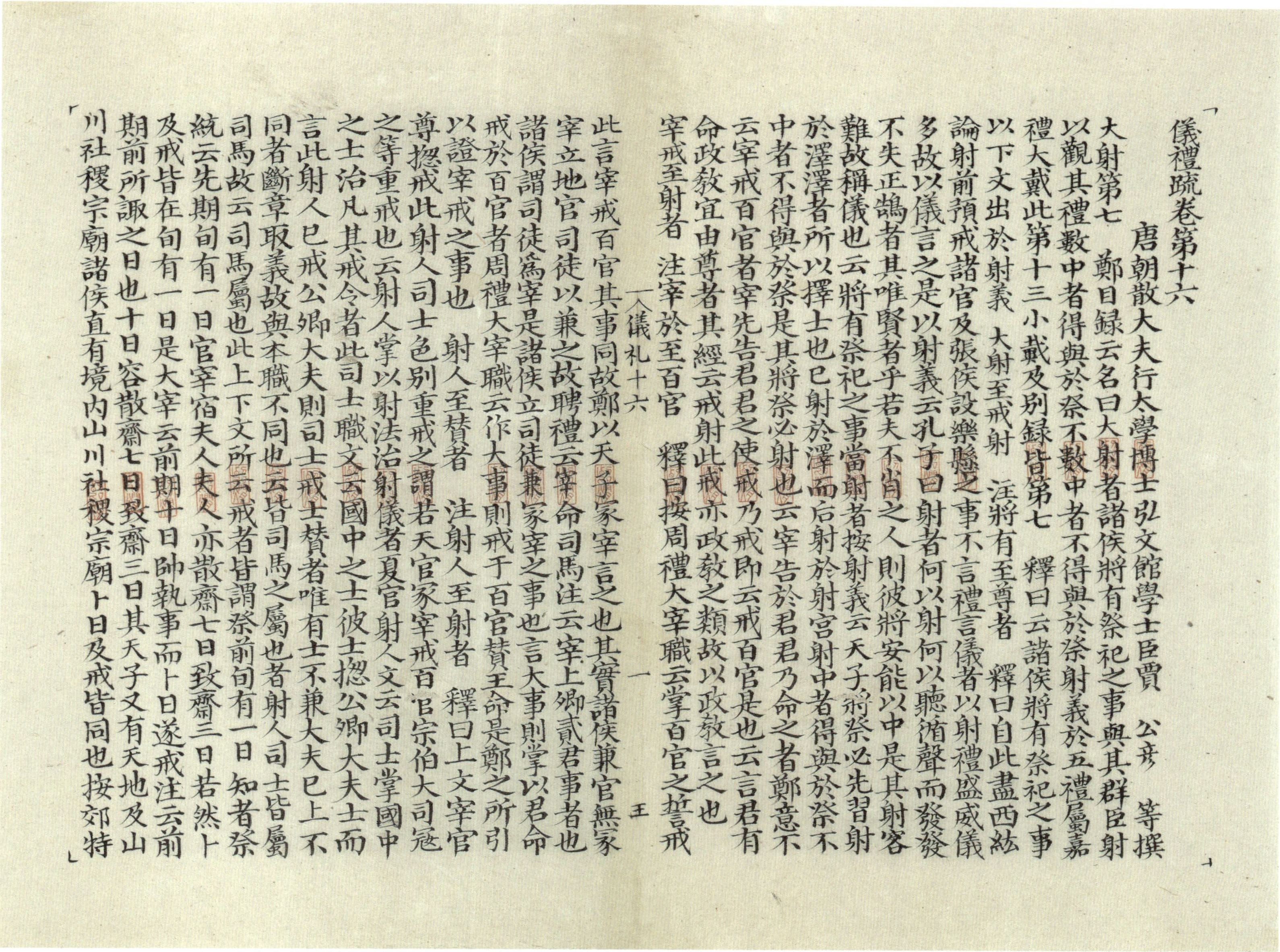
儀禮疏卷第十六
唐朝散大夫行太學博士弘文館學士臣賈　公彥　等撰
大射第七　鄭目録云名曰大射者諸侯將有祭祀之事與其群臣射
以觀其禮數中者得與於祭不數中者不得與於祭射義於五禮屬嘉
禮大戴此第十三小戴及別録皆第七　釋曰云諸侯將有祭祀之事
以下文出於射義　大射至戒射　注將有至尊者　釋曰自此盡西紘
論射前預戒諸官及張侯設樂縣之事不言禮言儀者以射禮盛威儀
多故以儀言之是以射義云孔子曰射者何以射何以聽循聲而發發
不失正鵠者其唯賢者乎若夫不肖之人則彼將安能以中是其射容
難故稱儀也云將有祭祀之事當射者按射義云天子將祭必先習射
於澤澤者所以擇士也已射於澤而后射於射宮射中者得與於祭不
中者不得與於祭是其將祭必射也云宰告於君君乃命之者鄭意不
云宰戒百官者宰先告君君之使戒乃戒即云戒百官是也云言君有
命政教宜由尊者其經云戒射此戒亦政教之類故以政教言之也
宰戒至射者　注宰於至百官　釋曰按周禮大宰職云掌百官之誓戒
一〈儀礼十六　一　王
此言宰戒百官其事同故鄭以天子冢宰言之也其實諸侯兼官無冢
宰立地官司徒以兼之故聘禮云宰命司馬注云宰上卿貳君事者也
諸侯謂司徒爲宰是諸侯立司徒兼冢宰之事也言大事則掌以君命
戒於百官者周禮大宰職云作大事則戒于百官贊王命是鄭之所引
以證宰戒之事也　射人至贊者　注射人至射者　釋曰上文宰官
尊摠戒此射人司士色別重戒之謂若天官冢宰戒百官宗伯大司寇
之等重戒也云射人掌以射法治射儀者夏官射人文云司士掌國中
之士治凡其戒令者此司士職文云國中之士彼士摠公卿大夫士而
言此射人已戒公卿大夫則司士戒士贊者唯有士不兼大夫已上不
同者斷章取義故與本職不同也云皆司馬之屬也者射人司士皆屬
司馬故云司馬屬也此上下文所云戒者皆謂祭前旬有一日知者祭
統云先期旬有一日官宰宿夫人夫人亦散齋七日致齋三日若然卜
及戒皆在旬有一日是大宰云前期十日帥執事而卜日遂戒注云前
期前所諏之日也十日容散齋七日致齋三日其天子又有天地及山
川社稷宗廟諸侯直有境内山川社稷宗廟卜日及戒皆同也按郊特

圖一　中國國家圖書館藏清乾隆末、嘉慶初黃丕烈士禮居影宋鈔本《儀禮疏》卷十六首葉

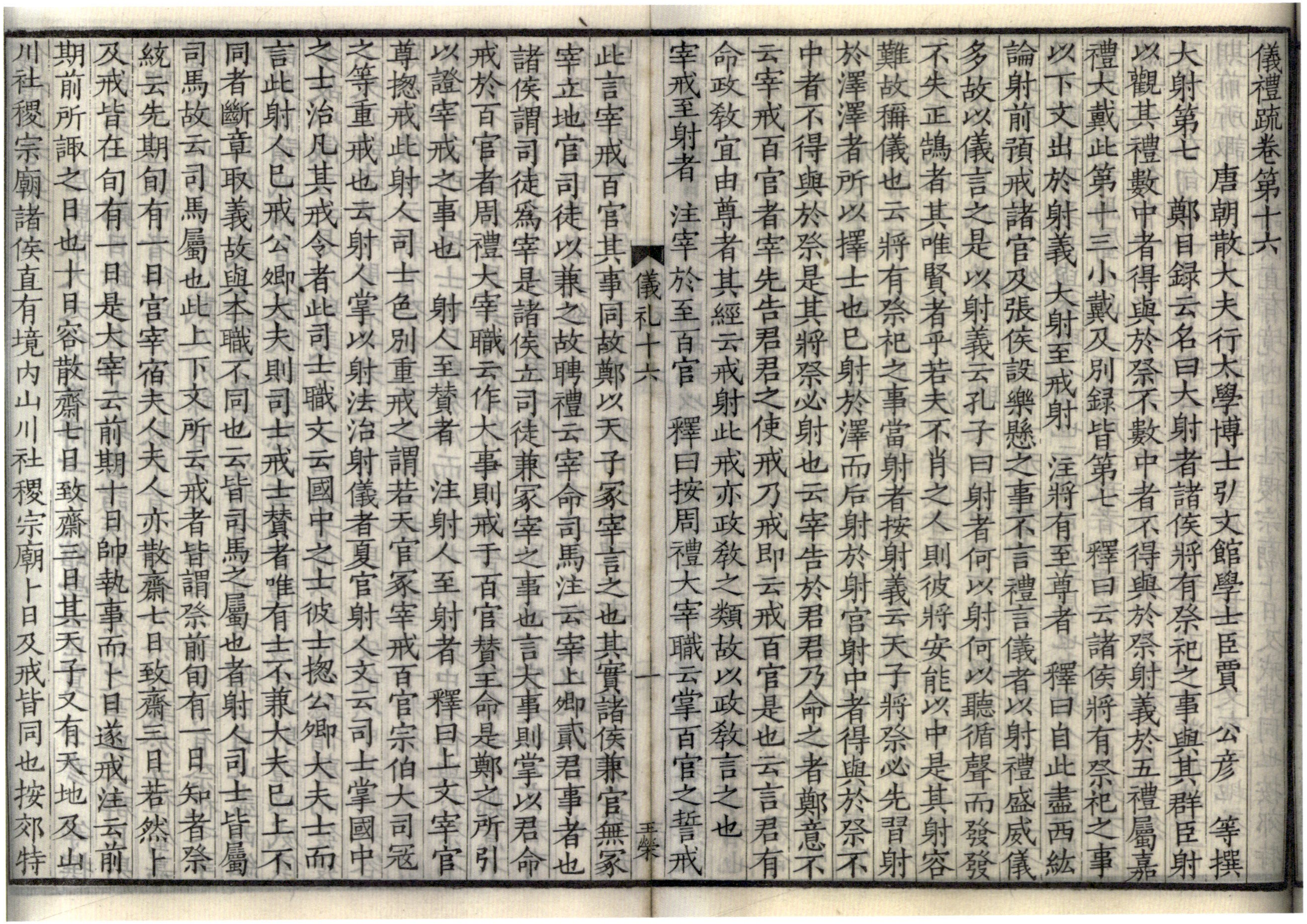

儀禮疏卷第十六

唐朝散大夫行太學博士引文館學士臣賈公彦等撰

大射第七　鄭目録云名曰大射者諸侯將有祭祀之事與其群臣射以觀其禮數中者得與於祭不數中者不得與於祭射義於五禮屬嘉禮大戴此第十三小戴及別録皆第七　釋曰云諸侯將有祭祀之事以下文出於射義　大射至戒射　注將有至尊者　釋曰自此盡西紘論射前預戒諸官及張侯設樂懸之事不言禮言儀者以射禮盛威儀多故以儀言之是以射義云孔子曰射者何以射何以聽循聲而發發不失正鵠者其唯賢者乎若夫不肖之人則彼將安能以中是其射容難故稱儀也云將有祭祀之事當射者按射義云天子將祭必先習射於澤澤者所以擇士也已射於澤而后射於射宮射中者得與於祭不中者不得與於祭是其將祭必射也云宰告於君君乃命之者鄭意不云宰戒百官者宰先告君君之使戒乃戒即云戒百官是也云言君有命政敎宜由尊者其經云戒射此戒亦政敎之類故以政敎言之也

宰戒至射者　注宰於至百官　釋曰按周禮大宰職云掌百官之誓戒

儀礼十六　一　王榮

此言宰戒百官其事同故鄭以天子冢宰言之也其實諸侯兼官無冢宰立地官司徒以兼之故聘禮云宰命司馬注云宰上卿貳君事者也諸侯謂司徒爲宰是諸侯立司徒兼冢宰之事也言大事則掌以君命戒於百官者周禮大宰職云作大事則戒于百官贊王命是鄭之所引以證宰戒之事也　射人至贊者　注射人至射者　釋曰上文宰官尊揔戒此射人司士色別重戒之謂若天官冢宰戒百官宗伯大司寇之等重戒也云射人掌以射法治射儀者夏官射人文云司士掌國中之士治凡其戒令者此司士職文云國中之士彼士揔公卿大夫士而言此射人已戒公卿大夫則司士戒士贊者唯有士不兼大夫已上不同者斷章取義故與本職不同也云皆司馬之屬也者射人司士皆屬司馬故云司馬屬也此上下文所云戒者皆謂祭前旬有一日知者祭統云先期旬有一日宮宰宿夫人夫人亦散齋七日致齋三日若然卜及戒皆在旬有一日是大宰云前期十日帥執事而卜日遂戒注云前期前所諏之日也十日容散齋七日致齋三日其天子又有天地及山川社稷宗廟諸侯直有境内山川社稷宗廟卜日及戒皆同也按郊特

圖二　上海圖書館藏清道光十年汪士鐘藝芸書社刻《重刊宋本儀禮疏》卷十六首葉

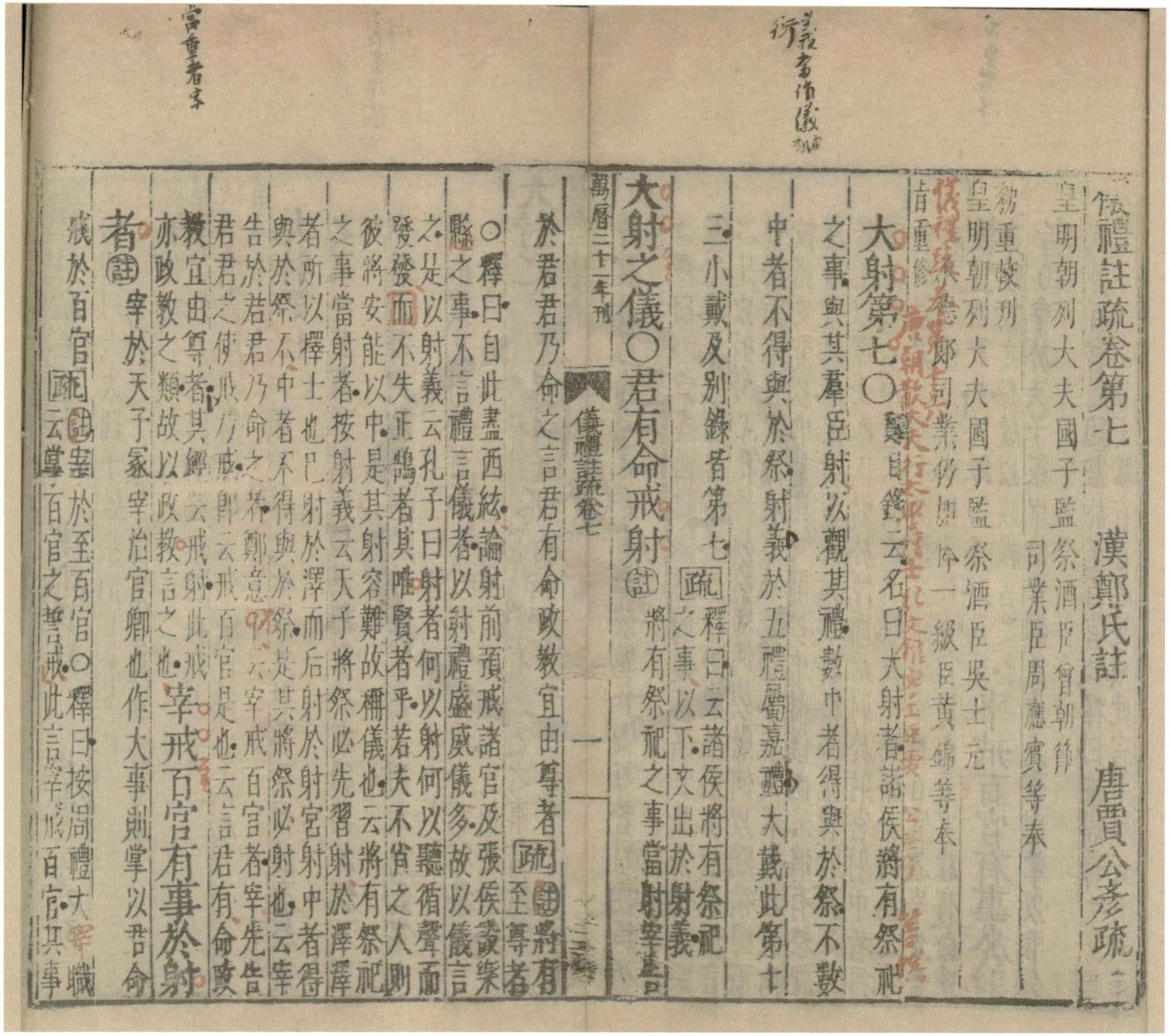

圖三　天一閣博物院藏清顧廣圻批校北監本《儀禮注疏》卷七首葉

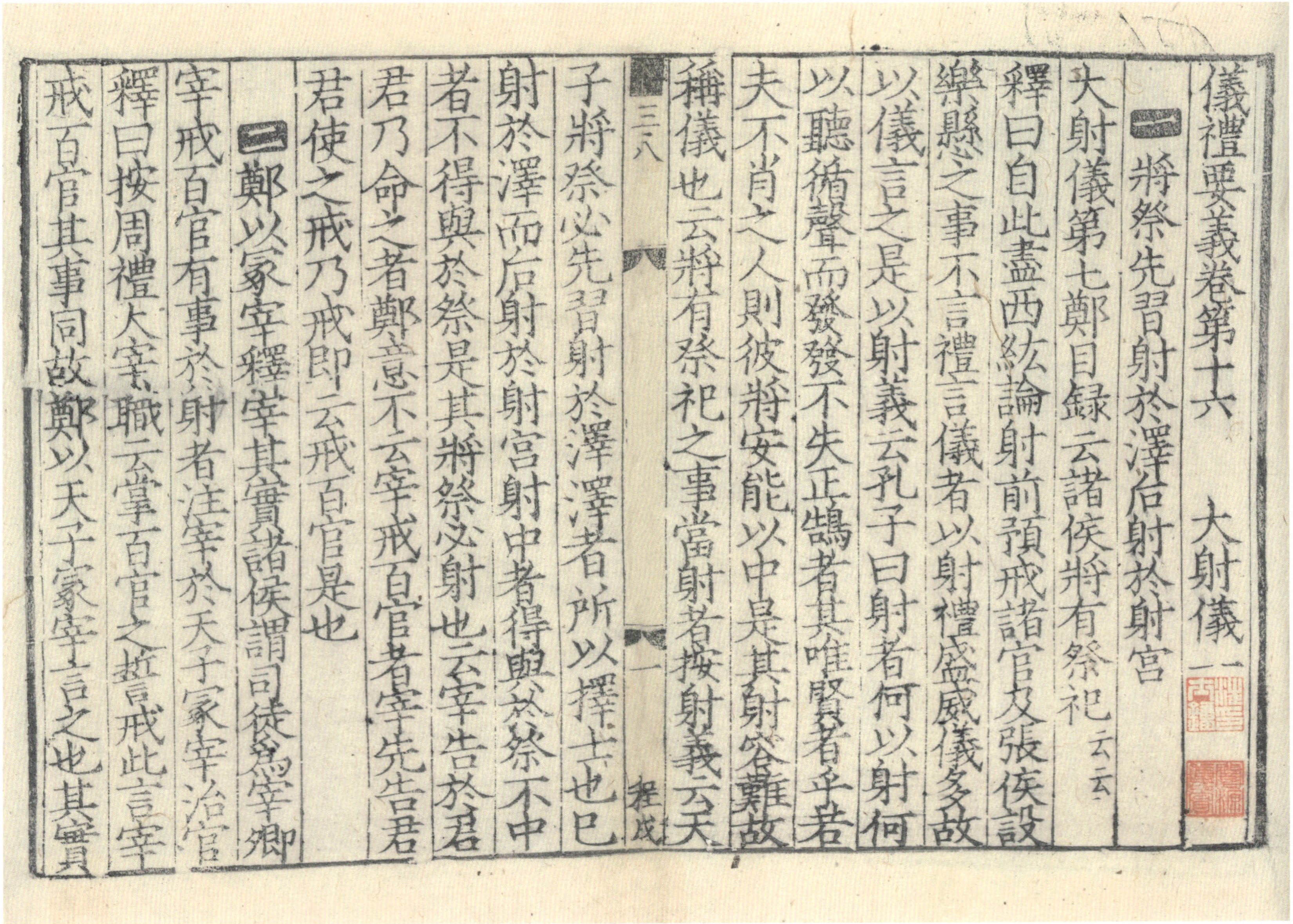
儀禮要義卷第十六　大射儀一

一　將祭先習射於澤后射於射宮

大射儀第七鄭目録云諸侯將有祭祀云云

釋曰自此盡西紘論射前預戒諸官及張侯設樂懸之事不言禮言儀者以射禮盛威儀多故以儀言之是以射義云孔子曰射者何以射何以聽循聲而發發不失正鵠者其唯賢者乎若夫不肖之人則彼將安能以中是其射容難故稱儀也云將有祭祀之事當射者按射義云天

三八　一　程戍

子將祭必先習射於澤澤者所以擇士也已射於澤而后射於射宮射中者得與於祭不中者不得與於祭是其將祭必射也云宰告於君君乃命之者鄭意不云宰戒百官者宰先告君君使之戒乃戒即云戒百官是也

二　鄭以冢宰釋宰其實諸侯謂司徒爲宰卿

宰戒百官有事於射者注宰於天子冢宰治官

釋曰按周禮大宰職云掌百官之誓戒此言宰戒百官其事同故鄭以天子冢宰言之也其實

圖四　中國國家圖書館藏宋淳熙十二年魏克愚刻魏了翁《儀禮要義》卷十六首葉

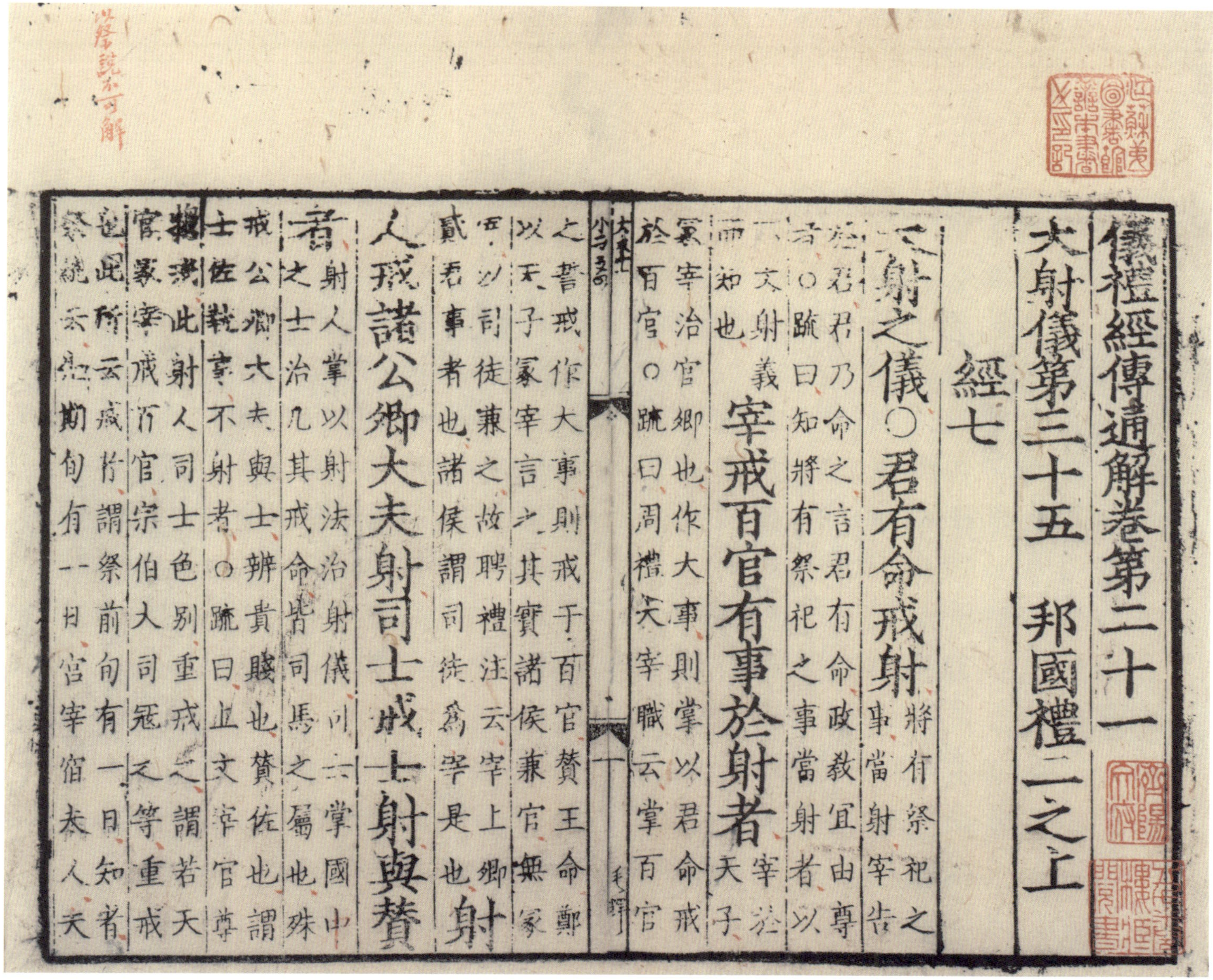

儀禮經傳通解卷第二十一

大射儀第三十五　邦國禮二之上

經七

大射之儀○君有命戒射

宰戒百官有事於射者

射人戒諸公卿大夫射司士戒士射與贊者

圖五　南京圖書館藏宋嘉定十年南康道院刻元明遞修本朱熹《儀禮經傳通解》卷二十一首葉

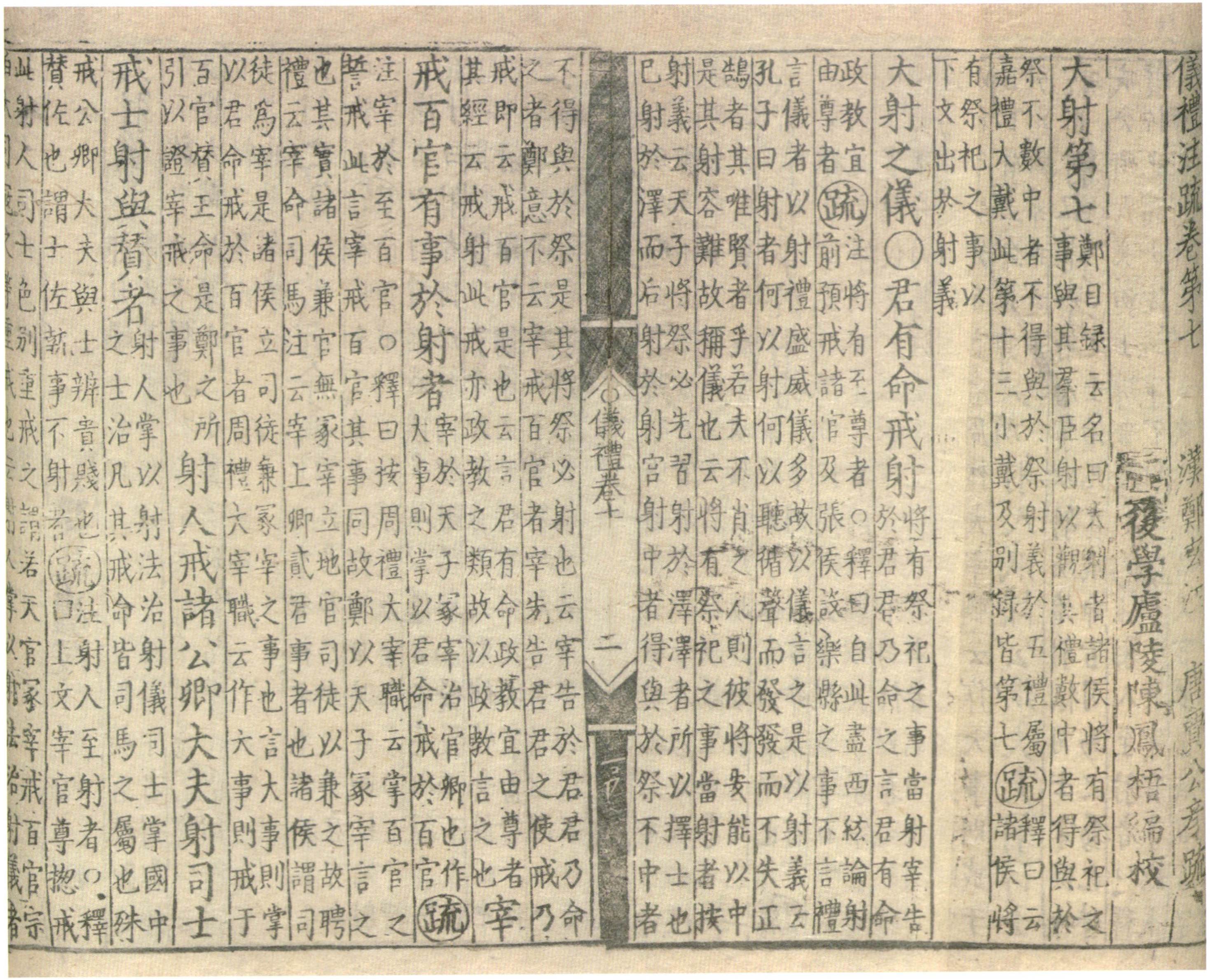

圖六　中國國家圖書館藏明嘉靖元年或二年陳鳳梧刻《儀禮注疏》卷七首葉

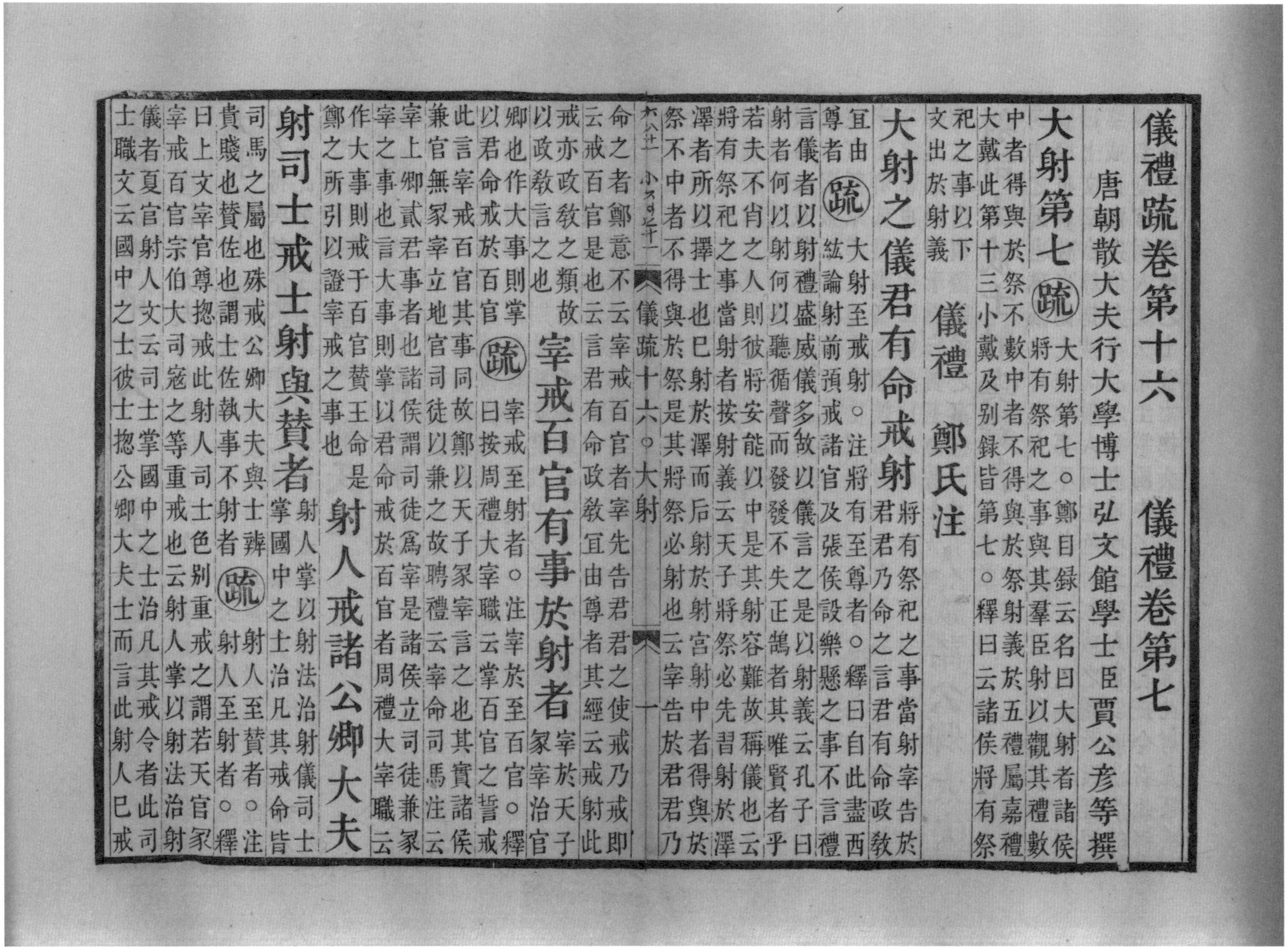

儀禮疏卷第十六　儀禮卷第七
唐朝散大夫行大學博士弘文館學士臣賈公彥等撰
大射第七 疏 大射第七。鄭目録云名曰大射者諸侯將有祭祀之事與其羣臣射以觀其禮數
中者得與於祭不數中者不得與於祭射義於五禮屬嘉禮大戴此第十三小戴及別録皆第七。釋曰云諸侯將有祭
祀之事以下文出於射義
儀禮　鄭氏注
大射之儀君有命戒射 將有祭祀之事當射宰告於君君乃命之言君有命政教
宜由尊者 疏 大射至戒射。注將有至尊者。釋曰自此盡西紘論射前預戒諸官及張侯設樂縣之事不言禮
言儀者以射禮盛威儀多故以儀言之是以射義云孔子曰
射者何以射何以聽循聲而發發不失正鵠者其唯賢者乎
若夫不肖之人則彼將安能以中是其射容難故稱儀也云
將有祭祀之事當射者按射義云天子將祭必先習射於澤
澤者所以擇士也已射於澤而后射於射宮射中者得與於
祭不中者不得與於祭是其將祭必射也云宰告於君君乃
儀疏十六。大射　一
命之者鄭意不云宰戒百官者宰先告君君之使戒乃戒即
云戒百官是也云言君有命政教宜由尊者其經云戒射此
戒亦政教之類故以政教言之也
宰戒百官有事於射者 宰於天子冢宰治官
卿也作大事則掌以君命戒於百官 疏 宰戒至射者。注宰於至百官。釋曰按周禮大宰職云掌百官之誓戒
此言宰戒百官其事同故鄭以天子冢宰言之也其實諸侯
兼官無冢宰立地官司徒以兼之故聘禮云宰命司馬注云
宰上卿貳君事者也諸侯謂司徒爲宰是諸侯立司徒兼冢
宰之事也言大事則掌以君命戒於百官者周禮大宰職云
作大事則戒于百官贊王命是鄭之所引以證宰戒之事也
射人戒諸公卿大夫 射人掌以射法治射儀司士掌國中之士治凡其戒命皆
射司士戒士射與贊者 司馬之屬也殊戒公卿大夫與士辨貴賤也贊佐也謂士佐執事不射者 疏 射人至贊者。注射人至射者。釋
曰上文宰官尊摠戒此射人司士色別重戒之謂若天官冢
宰戒百官宗伯大司寇之等重戒也云射人掌以射法治射
儀者夏官射人文云司士掌國中之士治凡其戒令者此司
士職文云國中之士彼士摠公卿大夫士而言此射人已戒

圖七　上海圖書館藏清嘉慶十一年張敦仁刊《儀禮疏》卷十六首葉

出版説明

群經義疏初以單疏形式流傳，單疏本保留疏文較爲原始面貌，是研究經典流變、校理經籍的關鍵文獻。至宋代出現經、注、疏乃至釋文合刻，單疏本遂漸式微，傳本稀少。今存於世的宋刻單疏本僅有《周易正義》（國家圖書館藏）、《尚書正義》（日本宫内廳書陵部藏）、《毛詩正義》（日本杏雨書屋藏，存三十三卷）、《禮記正義》（日本身延山久遠寺藏，存八卷）、《春秋公羊疏》（國家圖書館藏，存七卷）、《爾雅疏》（國家圖書館和日本静嘉堂文庫各藏一部）。另有散藏中、日兩國的單疏古鈔本，或從未公開，或未在中國原貌影印，學界使用甚爲不便。

本次我社幸獲各館藏機構授權，彙編影印《周易》、三《禮》、《春秋》三傳單疏古鈔本，並附研究性解題、與存世刊本的校勘記、相關重要研究論文。各經編纂情况如下：

1.《周易正義》。影印日本廣島大學圖書館藏天文十二年(1543)鈔本，十四卷全帙，及所附《周易要事記》《周易命期秘傳略》。圖版縮放比例爲90%。北京大學朱瑞澤先生解題。附録文章兩篇：野間文史先生《廣島大學藏舊鈔本〈周易正義〉攷》（包含與廣大本與刻本之校記），由朱瑞澤先生翻譯；北京大學顧永新先生《日系古鈔〈周易〉單疏本研究》。另外附録傅斯年圖書館藏《賁卦》敦煌殘卷。

2.《周禮疏》。影印日本京都大學附屬圖書館藏室町時代(1336—1573)鈔本，全五十卷，存三十一卷。圖版縮放比例爲80%。山東師範大學韓悦先生解題。

3.《儀禮疏》。影印日本宫内廳書陵部藏平安末（十二世紀）鈔本，存卷十五、卷十六。圖版原大。北京大學杜以恒先生解題並校理。

4.《禮記正義》。影印日本東洋文庫藏十世紀鈔本卷五殘卷，並背面《賢聖略問答》，原裝爲卷軸。北京大學部同麟先生解題。圖版縮放比例爲83%。附録英藏敦煌《禮運》殘片(S. 1057)、《郊特牲》殘卷(S. 6070)及法藏敦煌《郊特牲》殘片(P. 3106B)。

此册另附二種：《尚書正義》，英藏吐魯番出土《吕刑》殘片(Or. 8212 / 630r[Toy. 044])。《毛詩正義》：(1)《谷風》《式微》殘卷（德國柏林藏吐魯番文獻）；(2)《小戎》《蒹葭》殘卷（《京都帝國大學文學部景印唐鈔本第一集》影印件，並日本高知大學、天理大學藏本）；(3)《思齊》殘片（俄藏敦煌文獻Дx. 09322）；(4)《民勞》殘卷（英藏敦煌文獻S. 498）；(5)《韓奕》《江漢》殘卷（日本東京國立博物館藏本）。

5.《春秋正義》。影印日本宫内廳書陵部藏文化十二年(1815)至十三年鈔本，三十六卷全帙。圖版縮放比例爲90%。北京大學李霖先生解題。附録文章三篇：安井小太郎先生《景鈔正宗寺本〈春秋正義〉解説並缺佚考》(王瑞先生譯,董岑仕、張良二先生校); 張良先生《跋復旦大學圖書館藏〈春秋正義〉殘帙》; 王瑞、劉曉蒙二先生《大連圖書館藏〈春秋正義〉述略》; 虞萬里先生《斯坦因黑城所獲單疏本〈春秋正義〉殘葉考釋與復原》。另外附録法藏敦煌哀公十二年—十四年鈔本殘卷(P. 3634v＋3635v)。

6.《春秋公羊疏》。影印蓬左文庫藏室町末(十六世紀)鈔本,三十卷全帙。圖版縮放比例爲90%。湖南大學郜積意先生解題,山東大學石傑先生校理。附録馮曉庭先生《蓬左文庫春秋公羊疏鈔本述略》。

7.《春秋穀梁疏》。影印北京大學圖書館藏陳鱣鈔校本,全十二卷,存七卷。圖版原大。北京大學張麗娟先生解題。

以上七經單疏本皆原色影印。附録部分的敦煌、吐魯番、日本等殘卷殘片根據圖片質量單色或原色影印。底本爲卷子者,皆裁切成頁,爲避免裁切時行間信息遺失,每頁末行在下頁重複出現; 於圖版天頭標注行數。爲便於圖文對照,解題、校理和研究文章皆另册。敦煌本解題録自許建平先生《敦煌經籍敘録》(中華書局,2006年版),德藏吐魯番本《谷風》《式微》殘卷解題録自榮新江、史睿先生《吐魯番出土文獻散録》(中華書局,2021年版),英藏吐魯番本《吕刑》殘片解題由李霖先生撰寫,日藏殘卷解題録自李霖先生《宋本群經義疏的編校與刊印》(中華書局,2019年版)。叢刊解題、校理、研究論文中的古、舊、寫、鈔、抄等術語悉遵各篇作者表述習慣,不强作統一。

叢刊由主編劉玉才先生悉心統籌、指導,各位編委、解題、校理作者傾力支持,各收藏單位、論文作者慨予授權,謹致謝忱。

上海古籍出版社

二〇二四年十月

本册目録

日本宫内廳書陵部藏舊鈔本儀禮疏

日本宫内廳書陵部藏

舊鈔本儀禮疏

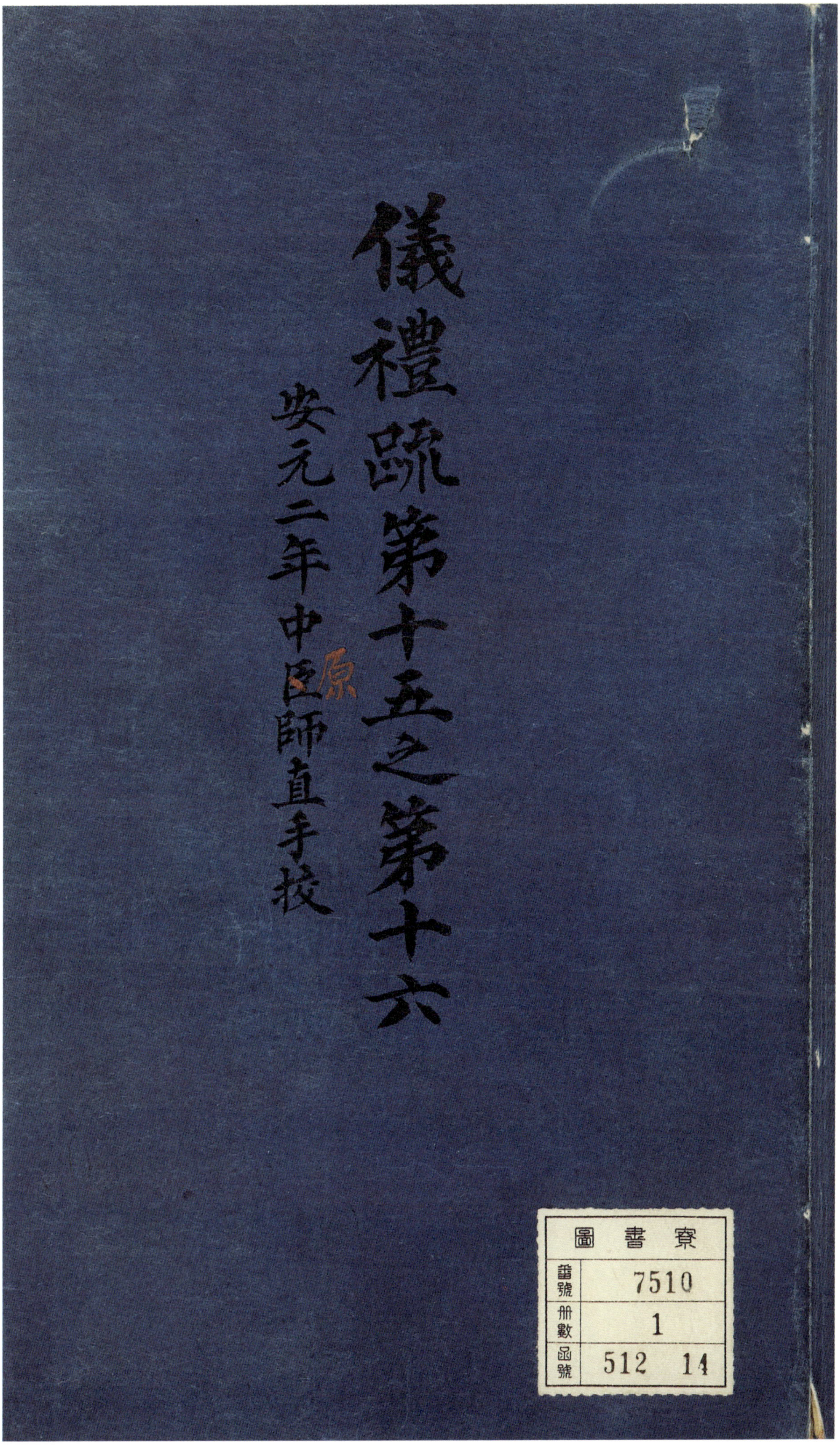
儀禮疏第十五之第十六
安元二年中原師直手校
圖書寮
番號 7510
冊數 1
函號 512 14

儀禮疏卷第十五

複第十六

燕禮

儀禮疏卷第十五

唐朝散大夫行太學博士弘文館學士臣賈公彥等撰

司宮至東上　注兼至席末　釋曰此經說三卿之

每卿異席

席在於賓左不言兼卷則每卿異席也若三

卿同席則直云卷重席不須言兼今云兼卷

則兼三卿重席皆卷之故知每卿皆異席也

卿重席至蒲筵者案公食大夫記云司宮具

與蒲筵常緇布純加萑席尋玄帛純故
爲異國之賓有蒲筵萑席兩種席故稱加上小
臣設公席與公食大夫席及賓皆稱加亦是兩
種席兩重而稱加此燕已臣子一種席重設之設
不稱加若然案鄉飲酒云席于賓東公三重
大夫再重公升如賓禮大夫則如介禮有諸公
則辭加席鄉射亦云大夫辭加席案彼二文

雖穠加上文云三重再重則無異席若彼孔直云
蒲筵彼云加者以上席加於下席故鄭彼云加席
上席也故此下注云重席雖非加猶為其重累
去之是其一種席也云鄉坐東上統於君也者決
鄉飲酒鄉射者公大夫席于尊東西上彼遵尊次
主人故鄭注云統於尊此為君尊故統於君而東上
也云席用蒲莞者案下公食大夫記云宰夫筵出自東

序說名也　張作至徹之　注徹作至尊也　釋曰云重
席雖非加猶為其重累去之辟君也者案鄉射
云大夫辭加席之等皆是異席而辭之此重席
重蒲筵一不合辭以君有加席兩重故辭之以辟君
乃薦至復位　釋曰此云卿薦脯醢不言其人略之
設下注辭之云羞卿者小膳宰是也　注不酢至於
羞　釋曰案上主人獻公至主人酢于阼階下此即案

非故次之云卿無俎者燕主於羞考次大射庶子設
(諸侯公之)
俎薦尊乎故與此異　射人至之禮　注諸公至三公四
(大國孤也)
釋曰云諸公者謂大國之孤也知者周禮典命云公之
孤四命仕宿己下不言孤故緣大國而言云孤一人者
鄭司農注典命云上公得置孤卿一人後鄭從之故
(上公得置孤卿一人)
此亦云孤一人與司農義同云言諸者容牧皆有
[illegible]侯皆有人[illegible]以之言諸非一人亦來王前云天子[illegible]以大夫

者三監〻於方伯之國〻三人鄭注云此殷制
使伯佐牧不置監〻周公制禮因殷不改者天士
冠醮用酒之類或鄭云容言容有異代之法據周
禮天子之大夫四命與孤等故同稱公席于室加席
注席孤至之坐　釋曰案上文卿仍設重席辭之
乃徹此孤此面初無加席者皆是爲大尊屈之云
見寵苟敬私昵之坐者案下記云賓爲苟敬席

于作階之西以爲敬此知亦席於作階之西設爲若
敬私昵之生也　小臣至如初　釋曰自此至定爵公
答再拜論一人致爵于公之事云二大夫媵爵如初
者亦上二人媵爵媵爵者阼階下皆北面再拜稽首
公答再拜媵爵者立于洗南西面北上序進盥
洗角觶升自西階序進酌散交于楹北降阼階下
皆奠觶再拜稽首執觶興公答再拜媵爵者皆

皆坐祭遂卒觶興坐奠觶再拜執觶興
公荅再拜媵爵者執觶待于洗南相似也故言二
大夫二人媵爵如初請致至再拜注命長至再拜
釋曰上文小臣請媵爵則此請致者亦小臣也云
命長致者公或時未能舉自優暇也者此優暇外任
云前公為賓舉為卿為大夫三舉旅也燕禮之下不得
損奮而公或時未能舉自優暇者正謂周公

下經以旅酬之時賓也設若命長致言若者不定之之
辭閒優尹之義故唯命長致不必致似言皆致以其三舉
旅唯有此三觶文也　洗象觚至再拜　注奠于至勸
君　釋曰云奠于薦南者於公所用酬賓觶之處
若案前文大夫二人媵觶奠于公薦南北上其上觶已
取以酬賓其奉於下觶仍在大夫又媵觶而云奠于
薦南明知是前所用酬賓觶之處云二人媵觶以其以

獻君者士云無爵者〻士夫勝爵〻且祇是之士勸君
消今始〻長致設俱拜以其無勸君設已云又〻所
酬　釋曰自此至大夫于篚遂論爲卿舉旅之事
注一爵至酬賓　釋曰知一爵是先媵者之下觶者
以其前大夫二人媵爵皆奠于薦南以其上觶者
一爲賓舉旅今又行一爵設知先媵者之下觶
其後媵之觶者留之後爲大夫舉旅也云若君宥

若長則宍之禮殺矣者前爲賓〻舉旅下云若賓〻若

長尊爲〻之禮殺至此爲卿舉旅下由爲〻（賓〻）舉旅酬

從其一是賓〻禮殺也云長公卿〻之尊者也者有識

公公爲尊〻在無者公〻卿爲尊〻長〻中〻以兼此二者

云賓〻則〻酬長〻長則以酬賓〻釋經若〻長〻言〻若〻下定

或先或後故兩言之以旅至于〻〻 釋曰言如初者一如

上爲賓〻舉〻旅之節〻至〻主人之士受旅〻 舉〻旦守光之法

皆升就席爲獻大夫之節 注既告至大獻 釋曰云

不拜之者禮之殺者前卿受獻不酢拜君已是禮

殺今大夫受獻不復不酢主人又不拜既爵故云禮又

殺 胥薦至無脀 注胥膳至復賓 釋曰云胥膳

宰之吏也者案周禮有府史胥徒鄭注天官序官胥讀

其才知爲什長

如諝謂 有才知爲什長是庶人在官者亦是膳

者皆曰膳宰之胥是膳宰之吏又云主人大夫之下先大夫

庶之尊也者案大射注直云主人大夫下云下比吾又
夫之下者注大夫之中位次在下下經云辯獻大夫乃薦
此薦文在上是先大夫薦之尊之也云不於上者上無
其位也者案此燕禮大夫盡上士在下獨此宰夫
言宰上無從者以其主人位在阼階君已在阼設
主人辟君之所在下是以大射注不薦於上辟正主也
云承君恩寵者有胥者非也案特牲禮注云是也云

是賓也辯獻席至東上〻注酬獻云〻席也樣言凡衆
大夫升筵受獻得獻〻訖即降〻席遍不待大夫升筵〻偶
於其位大夫始升故云遂也云遍獻之乃薦略賤也
者於上即與賓得升獻即薦爲貴故也云亦獻而後布
也者亦上獻衆之時司宮更奏重席設於賓左
此大夫　設席明亦得獻後布即席已若衆
衆大射席小卿賓西東上注云席於賓西射禮

燕禮主歡也

辨貴賤也以此言之燕無惟主歡不辨貴賤小卿肆大

列皆在賓東表此賓四無一示卿位　庶[illegible]云二十　西

四節校

釋曰自此至降復位論作樂之事此上一下作樂中

有四節升歌一笙二間三合樂四　注工數王吉備

釋曰工一瞽蒙歌諷誦詩者也者案周禮瞽矇掌

諷誦詩闇讀不依云

播鼗諷誦詩鄭云諷誦詩謂闇讀之不依詠也

然不依琴瑟[illegible]闇讀之一　[illegible]雅注一[illegible]　詩此作[illegible]

之特縣於[illegible]一行詩注曰冬舞曰故冬也故下云
庸唯之類是也云凡執技藝有稱工者執技藝云
八八其事
ミ三
文出於王制但餘旦王者皆稱工是之謂少宰矇
令視瞭樂記師乙爲太師樂官亦稱工於冬
官巧作者皆稱工云樂正于天子樂師也者天子
吳樂師周當不案周禮樂師職云凡樂成則告
備此樂正告樂備文云樂正當天子樂師樂師下

大夫四人上士八人下士十有六人樂師上士小多矣此先
侯樂正下有大小之名也故大射云小樂正立于西階東鄭注
云小樂正於天子樂師也是直諸侯樂正雖有大小
當天子樂師知大樂正不當天子司樂者以其天子
大司樂下告樂備故不得以大樂正當之但大射主於
射略於樂故小樂正告樂備此燕主歡心故大樂正
告樂備故不同　小臣坐乃全之　注云至周官　釋曰

三四分百燕禮輕從大夫制也者鄭下云此者次大夫
禮重工六人從諸侯制案公羊傳諸公六諸侯四者
然知非大射是以公制此燕禮是以諸侯制者案
鄉射皆工四人是大夫制則諸侯不得有工四人之
筭者侯人同六人彼公羊六人四人不同者自是舞人
之數不得人彼況此也云面鼓者燕尚樂可鼓者在前
也者此決鄉射酒左何瑟後首臣降於君故也引大

子大僕二人也者周禮序官文引之者此經小臣相工
大射云僕人正徒相大師僕人師相少師僕人士相上
工僕人以下同官既多遞換相工但大射辨尊卑故
僕人正等相工此燕禮輕故小臣相工是人別周禮
同官人多得相參之意　工歌至者華　注三者至明也
釋曰此經歌詩之類鄭於鄉飲酒已注此注與彼同
但此燕禮奏小雅不合鄉樂下就乎也鄉飲酒升歌

鹿鳴之等篇或上取政役此詩耳注亦不異也
卒歌至之爵　注三歌至於席　釋曰云三歌乃獻之賤
者先就事也者案詩是其事先施功勞乃始獻之
是賤者先就事對上以上不就事而得獻也故大射
注云工歌而獻之以事報之是也　云左瑟便其右者
工北面以西為左瑟其右受獻便者謂從東授之
西不改以右為便案大射云獻工工左瑟鄭注云大

師無瑟然是上言左何者節也以其上經云僕人正徒
相大師無瑟言大師左瑟者爲獻酬之節此與鄉
飲酒同無所分別大師或瑟或歌是以不得言節之
案鄉飲酒大師則爲之洗則衆工不洗也此經主人
洗升獻工工不辭洗大師則爲之洗爵又案鄉
飲酒亦不洗工不祭此篇與大射辟工與衆工皆
云祭者知皆左右之洗工亦辭於席者又經云工與坐

案即云一人舉爵不則有降席之文明三時
於席可知　薦脯醢　注輒薦主夫也　釋曰案上獻
大夫之時云辯獻大夫遂薦之鄭注云徧遂乃薦略賤
也此獻云云長一人即薦脯醢非謂貴之即獻之正是
禮尚異變於大夫也　使人相祭　注使扶至祭酒
釋曰上云小臣相々則此扶々相祭是之小臣也此據相
長一人又舉受爵薦脯醢之下故知祭祭薦脯醢及祭

酒二事對下受王祭酒不祭肺臑也　公又至如初。注云
賜至彌尊　釋曰此燕尚歡酒設之一歌之後笙奏之前
而爲大夫舉旅大射雖行燕禮至於〻射設笙之間立
射乃爲大夫〻舉旅云言賜者君又彌尊賓長彌
卑者案上爲賓舉旅宜云公與以酬賓爲卿舉
旅而云君賓右長言君不定付酬其〻一不專爲賓
是君禮〻漸尊〻賓〻禮頓漸殺雖無清言酬至此言唯公

所賜若以上下言之旦之君又彌尊宮又彌卑也
字 注旅畢也 釋曰言旅畢者謂爲大夫舉旅酬行
於酬行於西階之上或從賓或從衆次第盡大夫以云
旅畢也 笙入至華黍（黍） 注以笙至信也 釋曰此笙奏
南陔白華華黍三篇等經注與衆射同亦不復重釋
但此云笙入立于縣中以其諸侯軒縣闕南面已文
得言縣中鄉飲酒唯有一磬縣而已不得言縣中向云

磬南注引鄉飲酒者欲見此此雖軒縣近北面縣之南

也　主人下至三人　注一人至于下　釋曰引鄉射禮者證笙一

人拜此與鄉飲酒皆直云一人拜不言拜于下故鄉飲

酒與此注皆引鄉射以為證欲見拜者拜於階下

眾笙至不祭　釋曰言不拜受爵降者於階下受爵

者亦盡階不升堂云辭有脯醢者亦獻訖薦于位

之前　乃閒至由儀　遂歌弋至不閒　釋曰此遂注之矣

鄉飲酒同彼已釋訖不復重解　遂歌至采蘋
注周南至不閒　釋曰云遂歌鄉樂者鄉飲酒云乃
合樂與此文不同者以其二南是大夫士樂大夫或
作鄉大夫或作州長故名鄉大夫樂飲酒不言鄉
樂者以其是己之樂不須言鄉故直云合樂此燕
禮是諸侯禮下歌大夫士樂故以鄉樂言之又鄉
飲酒注云合樂謂歌樂衆聲俱作彼經有合

樂之字故也此經無合樂之字故闕而不言其實此
歌鄉樂亦與笙聲俱作是以彼處解合爲歌與
笙聲俱作耳此歌而解合明同也前周南以下亦
注不與鄉飲酒同亦不復重釋　大師至歌備　注
大師至成也　釋曰云大師上工也者案春官大師
下大夫二人小師上士四人又云上瞽四十人中瞽百
人下瞽百有六十人　注云凡樂之政令又使瞽矇爲

焉今且以質之者以其大師對小師〻下二日大夫上
士也爲士也云掌合陰陽之聲教六詩以六律爲之
音者也者並大師職文案彼云掌六律六同以
樂欽令 音賢 肖者五大
合陰陽之聲注云陽聲黃鍾大蔟姑洗蕤賓
夷則無射陰聲大呂應鍾南呂林鍾中呂夾鍾
又云皆文之以五聲宮商角徵羽皆播之以八音
金石土革絲木匏竹又云教六詩曰風曰賦曰比

曰興曰雅曰頌以六德爲之本以六律爲之音云
子貢問師乙以下至何歌也並樂記文師乙魯之大師
以掌樂事子貢問焉引之者證大師知樂章節
故告歌備故鄭云是之明其一章而知之也知升歌以
下四節皆曰三終者案禮記鄉飲酒義云工入升歌
三終主人獻之笙入三終主人獻之間歌三終合樂
三終工告樂備遂出知皆三終彼唯此經同歌合樂

不獻之者，但同從以合樂，深一是足，略升歌笙工奏之前已得獻，故不復重獻。云備亦不成也者，案周禮樂師職云：凡樂成，則告備，故云亦成也。樂正至後位。注言由至之北。釋曰：言由楹内者，以其樂上僎工僎在堂，堂廉則楹南無過處，故由楹，由遍東楹之東告于公。云復位，位在東縣之北者，案大射略於樂，亦樂正升堂，從有左右正，則知亦有大

樂正至席立於西階上少東東面特小樂正亦
降立於其南北面率笙管工向東枯之本南西面北上
上坐特鄭注云於是時大樂正還北面立於其南
臣之尊者明工升堂特小樂正升大樂正東方
西面工來東枯之東南西面特大樂正東縣之
北北面其小樂正則立於西階下東面此燕禮
王於樂設大樂正升堂人之　降明後於東縣之

在北面也　射人至司士　注君許至士下同　釋曰此
上盡皆及士旅之司正遂行所監之事云君三舉爵
者爲賓舉爵爲大夫舉爲旅云樂備作矣者欲望
同合四者備作各主終矣案鄉飲酒鄉射立司
正後始行旅酬者彼是士鄉食禮之法莫同此
畢備獻之後乃行旅酬故立司正之後乃行旅酬
比燕禮國君燕其臣子雖一獻以辭學畢故立

人獻君而受酬主人卑不敢酬公獻之禮成於酬
故使大夫媵觶於公當酬公君行大惠即舉之
爲賓賓得觶請旅諸卿卿大夫乃成一獻之禮
復獻卿大夫皆爲之舉旅行酬皆成其獻但卿
大夫皆堂上有位近而不敢失禮故雖舉旅行酬
而未位立司正作樂後將獻羣士士職卑位在堂
下特爲士舉旅衆未合位故未獻之前則卿立司上爲

云設不同也又曰至于五注凡盛之至其賔擧曰二洗之文
角觶于中庭明其事乃曰表威儀多若此奠觶
于中庭威儀多衆鄉似須不奠是之鄉飲須作酌
爲司正洗觶執以升自西階是一不奠威儀少也
云君意殷勤欲留賔飲酒令鄉大夫以我故安者
以主人宴（安）（容）乃安誤（安）欲安（安）賔先語鄉大夫以我意誤
須安（安）也云戚亦其賔一下至云於賔者鄭意兩解

前解主意為賓設使卿大夫為賓々安或亦其々審々不
專主為賓々象羣臣其安也　司正至稽首　注右還至　耳注
釋曰右還
將適觶南先西面也者右還謂奠時南面乃以右手向
外而西面乃從觶西南行而右還北面云必從觶西為君
之南在東也者若從觶東而左還北面則背君其
君在阼設之云肅敬正慎其々從者以司正監察主為使
人嚴々肅慎々人先自嚴上謹慎也　左還至其所　注又

奠空位也　釋曰云使不空者亦欲使衆人觀於司正
厥正之處　升自至以東　注膳宰至徹然　釋曰云降
自阼階以賓親徹云若君親徹然者臣之升降當西階
今見賓親徹膳宰代君徹不降西階而降自阼階
當君降處故云若君親徹降自阼然也　卿大夫至北上
注以將至不然也　釋曰案大射云大夫降復位注云門東北
面位不嫌同東面位者彼將有遵卿取遵以出故

大夫不敢獨在西階下故復門東北面位此燕卿無俎
故大夫與卿同降西階下東面北上位也云以將坐降待賓
反者上文賓以俎出當反入升坐故卿大夫待賓反亦升
坐也　賓反至乃安　注凡燕至之心　釋曰凡在堂立行
禮不說屨安坐則說屨故鄭云凡燕坐必說屨以其
屨在足賤不宜在堂陳於尊者之側也云禮者尚敬敬多
則不親燕安坐相親之心者左氏傳云卿食以訓恭儉

燕在寢以醉爲度

設几而不倚爵盈而不飲燕以示慈惠饗在廟之行
禮是敬多則不親者也燕在寢以醉度是相親之心
者也若然直云賓及卿大夫說屨不云君降說屨則
君說屨之在堂上席側是以禮記少儀云排闔說
屨於戶內者一人而已矣彼據尊者坐在室則尊者
一人說屨在戶內今此燕在堂上則君尊說屨於
席側可知也 羞庶羞 注謂膳至之道 釋曰案大射

云羞庶羞注云所進衆羞謂膷肝膋狗胾醢也
或有炰鼈膾鯉雉兔鶉鴽大射先行燕禮明
與彼同此注不言炰鼈已下注文不具鄭知有此
物者以經云庶羞不唯二豆而已案內則爲肝膋
取狗肝一幪之以其膋濡炙之舉燋其膋不蓼
膾鯉者詩云吉甫燕喜飲御諸友炰鼈膾鯉又
內則又云食〻大〻〻上大夫〻二十豆有雉兔鶉鴽禮訖

王制云庶羞不踰牲此烹用狗亦可有此物而已
鄉飲酒鄉射不有狗但經直云羞不云庶羞是
以鄭注云胾醢明二豆無餘物也 云骨體所以致
敬也者據未坐以前庶羞所以盡愛據說屨已
後燕也 大夫祭薦 注燕乃至禮也 釋曰不敢於
盛成禮謂未至司正之前至行禮受獻之時不
祭脯醢祭先是之成禮不敢成禮於盛時 司正

坐反坐　注皆命坐席端　釋曰云起對各降席
者經云人坐不云降明起對各降席既對乃反坐
也是之以孝經云曾子避席曰參不敏亦是之起對
也知司正退立西序端者此無降文見鄉飲酒
司正升相旅退立于序端東面故知此亦然也
主人至送觶　注獻士至作獻　釋曰自此盡立飲
論獻士之事云獻士用觶士賤也者對上大夫已上

觶用觚旅（旅）酬乃用觶此屬士舉用觶故云士賤也
不從今文觚者若從觚與大夫已上何異故不從士
坐至立飲　注他謂至不拜　釋曰云他謂衆士也
者上云士長明此士長之外皆衆士也知不升受
爵者以其士尊於筭之長（長筭之）尚受爵於階上明士
得升堂受爵也言不拜者以其士長得拜明衆
士不拜也　乃薦至東上　注天子至為上　釋曰此等

皆士爲先薦者以其皆有事故先得薦司士亦先薦
者案周禮司士掌羣士爵祿廢置之事中之
尊故亦先得薦也鄭引周禮序官射人司士下大
夫二人約此諸侯則上士者天子官尊諸侯官
降一等以是之諸侯射人司士得在士位也云其人數
亦如是之者案周禮序官射人下大夫二人上士四人下
士八人皆名射人則諸侯雖使士爲之人數亦等以

其義不諸侯張三侯以與天子同故知射人之數不同也
言此者欲見射特射人有事非一故上文注云大射正
射人之長是以大射禮大射上及小射正皆有事也云司
正爲上者雖同是士以其爲庭長故設在上先薦之
此經三者當官雖多皆取長先薦其獻在於衆位
依爲也又士位在西有事者別在觶南北面東上也
辯獻至薦士　注每已至其位　釋曰云既位于東方薦

尊之者以其庭中之位卿東方西面大夫北面西方東上西
面是東
方尊今卿大夫得獻升堂位定故士得獻即東方
卿位是之尊之以無正文故云蓋以疑之也知畢獻薦
之者以其經云辯獻士乃薦士故知當畢獻復乃薦
也　祝史至薦之　注次士至東方　釋曰云次士獻之已不
變位者對先獻士士即變位卿東方也云位自在
東方者案上設位之時祝史在門東北面　東上是

先在東方也　主人至位焉　注北面至後位　釋曰云北面
酌南鄉獻之於尊南者案大射旅食之尊在西鑮之
南北面則此主人在南亦北面以陳尊向君云右東楹
之西東向辟尊亦是人向君爲正彼酌者與後東面
酌此亦尊後北面酌南面獻之於尊南也　云不洗
者以其賤此乃庶人在官府史胥徒之輩故云賤
略之也亦畢獻乃薦之者亦上文士此畢獻乃薦

可知云主人執虛爵奠于篚遂復位者此約大射獻
旅食訖云執虛爵奠於篚遂復位故知也若射至
之禮　注大射至飲酒　釋曰此一經論燕末行射之
節云大射正爲司射者燕禮輕又不至爲射故射
人爲（爲擯又）司正至射時大射正爲司射大射之時略於
燕主於射故大射正爲擯又爲司正至射又親
其職故不同爲司射也云宜從之者鄉射是大

礼樂還

夫禮設鄉之還從之也云如者如其上弓矢既奠
至退中與筭也者經云如鄉射之禮明從始至
末皆如之案鄉射時初司射告弓矢既具至三耦
射訖而退中與筭故如之也云納射器而張侯者
欲見此與鄉射因納射器後即張侯大射納射
納器之後無張侯之事是以特言此也云告請先
於君乃以命賓及鄉大夫者此燕禮與大射皆

國君之禮此燕禮每事皆先請於君大射亦先
請於君故設大射初司射自阼階前請於公公
許乃命賓及卿大夫卿射西階上告賓曰弓矢
既具乃告於主人遂告大夫是之先後異也云其爲
司正者亦爲司馬者卿射將射云司正爲司馬
此亦於將射司正爲司馬故亦之也若然則上文
射人告具射人請賓又云射人請立司正公許

射人遂為司正皆一人也必云司正為司馬者諸侯
有常官僚與鄉射異故言此也若士射則司
正不為司馬云君與賓為耦者欲見鄉射賓
與主人為耦此君與賓為耦亦是異於鄉
射也引鄉射記君射至龍旜亦不言異者也
者謂旜與中異何者彼曰記國君三侯射
旜與中各不同云君國中射則皮樹中以翿旌

獲白羽與朱羽糅言國中則此燕射也又云於
郊則閭中以旌獲謂諸侯大射在郊又云於竟
則虎中龍旜謂諸侯賓射在竟此皆諸侯禮
射雖記在鄉射皆與鄉射異也云薦旅食乃
射者是燕射主於歡酒者此獻士旅食後乃射
是燕射於歡酒決大射未爲大夫與旅之前則
射是從大射主於射故也 賓降至無拜 注此當

至漢爾　釋曰自此盡賓反位論賓媵爵於公之
節云古者觶字或作角旁氏由此誤爾者案冬
官梓人為飲器勺一升爵一升觚三升獻以爵而
酬以觚一獻而三酬則一豆矣鄭引南郡太守
馬季長云觚當為觶豆當為斗鄭康成云古
者觶角傍氏似觚故誤為觚時人又多聞觚
寡聞觶是以誤為觚此注與彼同也　賓坐祭

至反位　注反位至衆胾　釋曰知反位是之反席者以其
堂下無席堂上乃有之而云賓升成拜不云降明
上反位者反席上可知也　公坐至所賜　注至此至爲胾
釋曰自此盡士旅酌卒爲君爲士舉旅之事云唯公
所賜者辭異於大夫舉旅同也　云至此又言興者明
公崇禮不倦也者以其就優升坐之後理當倦今言
興明不倦矣　有執爵者　注士有至之者　釋曰無

算坐勸酒有執爵行之者今此爲士舉旅亦有執爵行之者無算爵之後士有盥升主酌授之者若然前三舉旅皆酬者自酌授人也司正至酬士注欲令惠均釋曰此所令者命大夫也以前三舉旅辯大夫則止今此爲士舉旅欲及之云欲令惠均者惠均於室及均於庭也士特牲爵上欲得神惠均於室及均於庭此據人君之惠均於庭也大夫

至答拜　注興酬至坐位　釋曰此是上文司正所命者也
云興酬士者士立堂下無坐位者凡禮堂上有席者
坐堂下無席者立之以禮記檀弓云尹商陽是士而
云朝不坐堂下無坐位者也　大夫至士拜　注祝史至及與
釋曰知旅食皆及者以士士得獻特旅酬不及得獻
之後旅則及之旅食不次士得獻故知亦不酬及之其庶
子以下不得獻者至獻後無算爵及與　卒受至之禮

注庶子至薦也　釋曰此一經獻庶子以下之節云庶
子掌正六牲之禮又舞位使國子循德學道世子之
官也者案周禮諸子職云大祭祀正六牲之體凡
樂事正舞位國子存遊倅使之循德學道彼天
諸子宗
子諸子之官屬太子君據諸侯為世子之官引之
天子謂之諸子諸侯謂之庶子
者以天子謂之諸子諸侯謂之庶子掌公卿大夫士之
適子掌事是同故取諸子職解此庶子之事云

而與膳宰（宰）樂正聯事者以宰上其牲之體得與膳
（學循得與樂正）宰聯事掌國子循德學道得與樂正聯事以其
樂正亦掌教國子故也言此者欲見膳宰得獻此庶
子不得獻之意言樂正亦不教國子以舞者欲見庶子掌
國子得與樂正聯事士在右正謂樂正僕人正也僕
人正以下至北上鄭知義然者見大射禮而知云左右正
者據中庭為左右大射禮云遷於東僕人正亦與樂

正同處名曰左正復云右上明是小樂正在西方一也云右
小樂正不在西大射之禮不得有左右正之文又兩面俱
縣明大小樂正各監一縣又知僕人正以下在小樂正之
北上者以鄉射弟子相工皆在西今僕人正以下亦是
相工之人故知亦在西方也工褰上西階之東相工者宜
近直事故在西方樂正之北也又知北上者以大射鄉射
立于後在下之時皆北上統於樂正今相者以工爲主

明在堂下則宜北統於堂上天下又知大樂正在東
縣北者約鄉射〻縣于洗東北至射時遷樂於阼
階下之東南堂前三笴西面北上坐樂正北面〻于
其〻云是人得爲一發也云若射以下至工遷者案大射
將射之時工遷於下東坫之東南西面北上坐相者以
爲主故知相工陪〻東仍在工後也
〻司小臣奄人掌
君陰事陰令后夫人之官也者案天官小臣序官云

小臣奄上士四人其職云掌王之陰事陰〻鄭注云

陰事 群妃御見之事

陰事羣妃御見之事陰令王所求爲於北宮彼后

之官也夫人者欲見諸侯夫人内小臣亦與后之〻

小臣職同設雙言之云皆獻於阼階上别於外内臣也

今臣云外内者案周禮有外内命夫鄭注云外命

夫云〻卿以出案内命夫朝庭卿大夫則諸侯臣在

廷

卿遂及采地者爲外臣在朝廷者爲内臣但之内

臣皆獻於西階上此獻於阼階文云別於外內臣也
云則磬人以下至盡獻可知也者此據周禮天子有
此官諸侯無以下士為之則諸侯亦有此官以其
庭中之樂軒縣別有鍾磬鎛鼓設知也無一云僕人
者此經直見僕人正不見僕人師僕人士大射見
之內小臣奄人之賤者尚得獻明此等皆得獻可知
也知凡獻皆薦者以經云如獻士獻士有薦凡此等

獻訖眾皆有薦也無筭爵 注筭數至而上
釋曰自此盡無筭樂論行樂作無次數之節
云下爵
云爵行無次無數者此對四舉旅以前皆有次有
數此則無次數也 士也至答拜 注席上下至再拜
釋曰自旅酬已前受公爵皆降拜升成拜至此不
復降拜者禮殺故也 云席下席西也者賓與卿
大夫席皆南面統於君皆以東為上故知席下席

丞也　受賜至後飲　注不敢云本也　釋曰上已言君答
所賜至此經云受賜自然惠從尊者來但先君受
爵似惠不由君來故後飲然後授虛爵是由尊
者來故後飲之也此執爵者皆爵行之以徧唯卒
爵者興以酬士自酌興之是以鄉飲酒鄉射皆
云辯卒受者興以旅在下者注云不使執觶者酌
以其將旅不以己尊孤人也　執膳至興之　注官人徹至

其意。釋曰：云或其〻言不敢君〻恐欲得皆辭卒執
媵者爵反奠於君前，望當君心，故云宴歡在於歡
謂或其〻言意也。注乃猶而也。釋曰：轉乃為而者，乃且之
緩辭。此探勸士〻已升，皆大夫既獻一不可為乃故
旋而解之也。云不至皆辭。注命徹至受也。
釋曰：云士旅酌亦如之者，亦如大夫相酌之法。云公有
命徹冪者，此君尊在東楹之西，尊大惠，故待無

罷乃徹冪爵觶飲酒尊在房戶之間賔主共之故賔
至則徹之與此異也云小臣辭不升成拜明雖辭
臣禮也者臣之禮當下拜爲上令不言升成拜者
於下已拜是雖無筭爵已辭而不俟行臣禮禮之
臣也云不言賔賔彌臣也者經直言卿大夫皆降
不別言賔是燕末賔同於臣言彌者上旅酬云
若賔若長循言賔但言賜不言酬已是賔卑李

乃設賓、下言賓、是之賓、禰、臣設同臣例也、云君答拜
於上示不虛受也者案燕義云禮無不答言上之
不虛取於下也彼釋此言也但彼言不虛取於下者
摠中此燕禮君答拜之事不獨爲此言也　遂升
坐如初　注媵人至卒之　釋曰云媵大夫降而爵
止者上文已云大夫不拜乃飲賓爵士不拜受爵
是大夫飲訖爵止也云於其、反席卒之者謂立卒

卿得大夫爵比從〻士終亦上如初是於大夫之席

无筭樂

士卒之也　無筭樂　注升歌至亦無　釋曰此無筭

對上升歌笙閒合各依次第而三終有次有數此

則任君之情無次無數其詩樂畢亦如之亦無次無

數宵則至門外　注宵夜〻宴（賓）客出　釋曰凡燕法殺燭

者或射〻遂以終燕則至宵也或冬〻也以日不射亦宵

夏之日不射未必至宵也　云燭燋也者古者無麻燭

所用荊燋設亦儀云主人執燭抱燋〻鄭云未爇曰
燋〻但在地曰燎執之曰燭於地廣設之則曰大燭
其〻燎亦名大燭故詩云庭燎之光毛云庭燎大
燭也鄭云夜未央而於庭（庭）設大燭毛鄭並指此句
人執大燭之人也司烜氏云凡邦之大事共墳燭
庭燎玄謂墳大也樹於門外曰大燭於門內曰庭
言樹則大燭亦在地廣設之所已此謂人〻定人

燭於門外者亦是大燭在地者案郊特牲云庭
燎之百由齊桓公始也注云僭天子也庭燎之差公
蓋五十侯伯子男皆三十出大戴禮也此亦諸侯
禮以燕禮輕故不言庭燎設大燭而已云甸人掌共
薪蒸者天官甸師氏職文引之者以其內有燭
燋故使之供門爲大燭也云閽人門人也者案天官
閽人掌守王宮中門之禁洎使外當之「奏陔」注

陔夏至奏之 釋曰云陔陔夏者案鍾師九夏之中有陔夏九夏皆是詩詩爲樂章故知樂章也云賓出奏陔夏以爲行節也者此及鄉飲酒皆於賓出奏陔夏明此爲行節爲是之使不失禮云凡夏以鍾鼓奏之者案周禮鍾師云以鍾鼓奏九夏鄭注云先奏鍾後擊鼓是凡夏皆以鍾鼓奏之

公與客燕 注謂四方之使者 釋曰自此盡敵一

終賜今論與異國臣將燕使卿大夫就館戒賓之 客

辭事但燕異國卿大夫異臣子同唯戒賓爲異故

於禮之末特見之也云請四方之使者以其公容 客 以寡

君對之故知四方使卿大夫來聘主君將燕之也

曰寡至以請　注君使至無之　釋曰云禮使人各以其

爵者案公食大夫云使大夫戒各以其爵以其大聘

使卿小聘使大夫爵不同故主君亦以其爵戒之

也云上介出請入告者亦公食使者至廟門外安使 客
者上介出請事入告賓但彼食禮重故三辭此燕
禮輕故一冊辭爲異耳云彼見賓出拜辱大夫不
荅拜 此不言者文不具 對曰至敢辭 注上介至之
辭 釋曰云對者怖懼用熱沃之辭也者謂云若怖懼
之事上不迎危難用熱沃之故云用熱沃之辭也 注
於拜至辭也 釋曰主君使大夫往戒只爲苟年

容(客)從之者未就燕而〻拜至君賜燕之命者謂
不如有燕事　說燕朝服於寢　注朝服至異也
釋曰凡說皆說經不見者以經不言燕服及燕處
故說人言之也云謂冠玄端緇帶素韠白屨者皆
士冠禮文案屨人〻〻天子諸侯(吉)吉事皆舄諸侯朝
服素裳素韠屨白舄而云白屨者引士冠禮成文
其〻宗見諸侯當〻爲其〻〻則白屨也鄭注周禮〻徒

人云後下曰罶禪〻下曰襂下謂之度又此爲異也〻云燕大
路寢相親昵也知燕於寢者以其〻饗食在廟明燕在
寢私處〻可知也引漢法欲見異古異者周時玄冠服
則緇布衣今衣皮弁服是之其〻異也亭〻于門外東方
注亭〻于至堂也釋曰此君禮故云臣所掌宰公食
沈云亭〻于門外東方注云各於門外者大夫之事也
〻不同者以其〻饗食在廟燕宜親監視〻不得

臣所掌故注云大夫之事者州敵滑亨狗于室
寢東北者非君禮是臣於寢東北不在外者宜主人
親侍又法陽氣之所始故三者注皆不同也 若與至
讓升 注四方至賓也 釋曰云自戒至於拜至皆如公
食者此燕用約彼因大于此戒賓再拜辭（辭｜彼本）至於卿大
夫三揖皆不同而云如公食者謂除此之外如之若然
依公食從首使大夫戒各以其爵上介出請入告已

下至此北面再拜稽首皆如之賓之等文不荅之也云亦
告擯賓西復公所席小臣請執冪請冪者乃遷賓
也者言此者欲見燕四云賓此等依上文與燕已臣
子同亦不如公食以其云食公無席文無入廟之等下
文公食無請執冪請冪者膳設別言此也賓為至為賓
注若且至燕也釋曰云主國君饗食時親進醴于賓
謂行聘享訖禮賓之時君親酌醴進於賓之右坐

以有饗食食不言之者饗食禮亡無以可言合儀人
無須禮所獻之事故不言而云饗食時也云今燕又宜
獻焉者案上燕已臣子使宰夫為主人知此親獻者
若不親獻即同已臣子賓何須辭之而為苟敬故知
君當親獻焉云至此升堂而辭讓者言若此時升堂不
辭即行燕賓之禮故知辭之在初升堂時云欲以
臣禮燕為恭敬也者正謂在阼西北面故云席于之如諸

公之位也云言苟敬者賓實主國所宜敬也者
賓實主國所宜敬但爲辭讓故以命介爲賓不得
敬之今雖以介爲賓〻卑全不敬於是席之於阼
階西是敬也故云苟敬也云不嚌肺啐似若尊者然也
者案此燕禮與大射卿〻射皆不嚌肺啐是諸公如卿
禮今聘卿在諸公之坐亦不嚌肺不啐是爲似若諸
尊者然也云介門西北面西上者約聘禮而知也云

俟迎上介以為賓揖讓升如初禮者此如上燕
已臣子以大夫為賓者同故云如初禮也云主人獻賓
獻公既獻苟卿乃媵觚者亦若上燕已臣子之時獻
賓獻公既即媵觶以酬賓但苟卿之前更有為
有俎賓與君同則於獻公後即獻苟卿乃可酬賓
也云又群臣即位如燕者如上燕已臣子同若然群
臣不序迎迎賓入乃從君君者以其皆篆獻獻故因其

其已先至寢門故小臣引之即入不待賓入後也
無膳尊無膳爵　注降尊以就卑　釋曰鄭特於云
三獻之介君專席而酢焉此降尊以就卑也注云
三獻卿大夫来聘主君饗食燕之以介爲賓賓爲
苟敬則徹重席而受酢也專猶單也彼與此事
同故鄭引彼經以證此燕己臣子不見有君親受
之酢若燕異國臣子得有專席受酢者獻卿大

大之後依次各爲此三人本亦獻士之後肩膝
觶於公賓取所勝觶爲士舉旅應以爲歸君君
專席而受之也　賓弼至爲賓　注不以至無燕　釋曰此
謂燕已臣子燕法若燕異國之賓燕皆用上介爲
賓如上說也云公父文伯尸下是魯語文此三人皆魯大
夫自相燕法云此之謂也有此謂不使所爲燕者爲
嫌之義云君恒以大夫爲賓者大夫卑雖尊之猶遠

於五者宗禮也燕義云不以公卿爲賓而以大夫爲
賓爲疑也明嫌之義也注云公卿尊矣復以爲賓
則尊與君大相近是不用公卿爲賓恐逼君用
大夫爲賓雖尊之猶遠於君不畏逼君也注尊右
羞膳卑士也
至於士釋曰經直云請執冪與羞膳一不辭其人
故記人言之云尊君也膳宰卑於士者言膳宰別
膳宰于也以其下云羞冪者小膳宰明於君冪者士

亦士事於小膳宰也若然士則膳宰之長者交下
注小膳宰云膳宰之佐也　若以至樂闋　注肆
夏至樂焉　釋曰自此盡若舞則勺論臣子有王
事之勞與之燕之事云之若者不定之辭以其常
燕已臣子無樂王事之勞或有或無設言若也云
肆夏樂章也今亡者鄭注鍾師云九夏皆
詩篇名頌之族類也此歌之大者載在樂章

示徧而已是以頌不能具也云以鍾鎛播之鼓磬合
應之者鍾師云掌金奏鄭注云擊金以爲奏樂
之節金謂鍾及鎛又云凡樂事以鍾鼓奏九夏
鄭注云先擊鍾次擊鼓是奏肆夏時有鍾鎛
鼓磬彼經注雖注雖不言磬但縣内有此四
者故鄭兼言磬也言所謂金奏也者所謂鍾
鎛掌金奏也云說具在此鄭引二說之文備者

云入門而縣興是仲尼之文仲尼燕居云兩君相見揖讓而入門入門而縣興揖讓而升堂升堂而樂闋云云特牲云賓入大門而奏肆夏示易以敬也彼引二記文者以燕在寢賓及庭及寢庭與仲尼燕居入門而縣興事相類故引之證賓及庭樂作之義也此肆夏以金奏之故引郊特牲示易以敬證用肆夏之義也不取賓入大

門者大門非寢門故也云殆大夫有王事之勞則
奏此樂云云知者以篇首陳君與臣子常燕及
聘使之臣燕次燕四方賓燕今此言賓及庭
奏肆夏則非尋常大夫爲賓與卿大夫爲二
人相對者諸若賓爲苟敬四方賓之類持
奏肆夏耳事既重若非有王事之勞何以
得此故知是臣有王事之勞者乃奏此樂也

升歌至三成　注新宮至終也　釋曰鹿鳴下言
三歌新宮不言笙奏而言升歌下管者欲明
笙奏異於常燕常燕即上所陳四節是
也今云歌鹿鳴三終與笙奏合別故特言下
管新宮乃始笙入三成者上謂笙奏新宮三終
中既下管之義云新宮小雅逸篇也知在小
雅者以配鹿鳴而言鹿鳴是小雅明新宮小雅一

知君舞則勺注勺頌至功也　釋曰言君者或爲
之舞或不爲之舞在於君意故以不定而言云舞
則勺者謂爲之舞則歌勺詩以爲曲云勺頌篇告
成大武之樂歌也者勺詩序文云其詩曰於鑠
王師遵養時晦者鑠美也言於呼美哉武王之
師〻遵之循也循養晦昧之紂三分天下循服
養〻於彼又曰實維爾公允師者公事允信也

言武王伐紂實作彼武王之事信得用師之道
云既合鄉樂者以文承合鄉樂之下故知既合鄉
樂也云萬舞而奏之者釋經舞特作周萬舞
之舞而奏勺詩宣八年公羊傳云壬午猶繹
萬入去籥傳曰萬者何干舞也謂秉干舞以
奏勺詩也云所以美王侯勸有功也者天子諸侯
作之是美王侯亦所以勸有功也　唯公與賓有

俎 注主於至無俎 釋曰主於燕其禮下以無俎者對大射觶尊卑公卿皆有俎其牲用狗則同也 獻公至聽命 注授公至受之 釋曰謂若主人獻公賓媵觶於公雖非獻亦釋此辭也 凡公階不過二等 注其始至升堂 釋曰凡堂及階等者高而多卑者庳而少案禮器云天子之堂

九尺等階一尺高階

九尺諸侯七尺大夫五尺士三尺士冠禮降三等

受爵弃鄭注云降三等下至地則士三等階以
此推之則一尺爲一階大夫五尺五等階諸侯七尺
七等階天子九尺九等階可知今云凡栗階不過
二等言凡則天子九等已下至士三等皆有栗階
之法栗階不過二等據上等而言故鄭云其始升
猶聚足連步越二也故曲禮云涉級聚足連步以上鄭
注云涉等聚足謂前足謂前足躡一等後足從之

併連步〻謂足相隨不相過也此卽聚足一也天子以下
皆留上等爲栗階左右足各一發而升堂其下無
閒多少皆連步雜記云主人之升降散等鄭注云
散等栗階則栗階亦名散等凡升階之法有
四等連步一也栗階二也歷階三也歷階謂從下至
上皆越等無連步右禮記檀弓云杜蕢入寢
歷階而升其之也越階四也越階謂左右足越三等

公答作而爵人是也　凡公至何者　謂所辭事虚也　栗階之所所謂
若公拜傳云趨前避露宜前升拜時也者即
上賓得君酬酒飲訖自前降拜升時請旅士臣
云擯者作階下告于公還西階下告公許旅行者
此約大射而知也　凡薦至宰也　注謂於至亦士
釋曰云謂於卿大夫以下者以其執冪者爲膳於
君是士則知此凡者於卿大夫也　云上特言爲卿者
小膳宰有欲絶於賓人爲宮賓旨亦士者鄭意亦

此言凡惣卿大夫於文足矣上文君下侍言羞孫
者小膳宰者欲見直言君不須言賓以其賓
之薦與君同明羞膳亦與君同不使小膳宰
設之欲絶於賓爲羞賓者亦士也 有内羞 注謂
羞至粉餈食 釋曰云謂羞豆之實酏食糝食者
天官醢人云羞豆之實酏食糝食鄭注云酏
衍食也内則曰取稻米舉糔溲之小切狼臅膏

以㬰稻米為餰又曰糝取牛羊豕之肉三如一小切之
㬰稻米稻米二肉一合以為餌煎之是也云羞笾
之實糗餌粉餈者笾人職云羞笾之實糗、
餌、粉餈鄭注云此二物皆粉稻米黍米所為也
合蒸曰餌餅之曰餈糗者擣粉熬大豆為之為餌
餌餈之黏著以粉之耳餌、言糗餈言粉互相足
之也糗、熬之亦粉之土、粉擣之并糗之是互相足也

莁

若飲君燕則交爵 釋曰云交爵者將獻君乃自飲
及君飲訖又自飲爲交爵 注不纏襢獻於君 釋曰
謂射訖大夫對士射袒纏襢此對君肉袒故云獻於
君也 君與至爵者 注受賜至惠也 釋曰謂公取
二大夫所媵觶上者以酬賓是也云賓降洗升媵
觶于公者謂上獻士訖賓媵觶于公是荅恩惠也
有房中之樂 注弦歌至君子 釋曰云弦歌周南召南

之詩而不用鍾磬之節者此文承四方之賓燕下而
云有明四方之賓而有之知不用鍾磬者以其此二南
本于后夫人侍御于君子用樂節是之本無鍾磬今若設
之而用鍾磬當云有房中之奏樂今直云有房中之樂
明依本無鍾磬也　然案磬師云教縵樂燕樂
之鍾磬注云燕樂房中之樂所謂陰聲也二樂皆教
其鍾磬房中樂得有鍾磬者彼據教之房中樂待

祭祀所用之故有鍾磬也居中央無明文居左居也

儀禮疏卷第十五

正元二年十一月廿一日戌時以摺本

比挍之次加首付了　[illegible]

[illegible]

射礼

儀禮疏卷第十六

唐朝散大夫行太學博士弘文館學士臣賈公彥等撰

大射第七　鄭目錄云名曰大射者諸侯將有祭祀之

數中者

事與其群臣射以觀其禮中者得與於祭不數

與祭

中者不得與祭射義於五禮屬嘉禮大戴此第

十三小戴及別錄皆第七　釋曰云諸侯將有

祭祀之事以下文出於射義　大射至射　注將

私言射礼
言儀
有至尊者　釋曰自此盡西紘論射前預戒諸官及張侯設樂懸之事不言礼言儀者以射礼盛威儀多故以儀言之是以射義云孔子曰射者何以射何以聽循聲而發發不失正鵠者其唯賢者乎若夫不肖之人則彼將安能以中是其射容難故稱儀也云將有祭祀之事當
將祭必先
射
射者按射義云天子將祭必先習射於澤澤者

所以擇士也已射於澤而后射於射宮射中
者得與於祭不中者不得與於祭是其將祭
必射也云宰告於君〻乃命之者鄭意不以宰
戒百官者宰先告君〻之使戒乃戒即云戒百
官是也云言君有命政教宜由尊者其經云戒
射此戒亦政教之類故以政教言之也　宰戒
至射者　注宰於至百官　釋曰按禮大宰

職云掌百官之誓戒此言掌戒百官其事同故鄭
以人天子冢宰言之也且實諸侯兼官無冢宰上
諸侯無冢宰
之司徒
兼之
兼官司徒以兼之故聘礼云宰命司馬注云宰上
卿貳君事者也諸侯謂司徒爲宰是諸侯之司
徒兼冢宰之事也言大宰則宰以君命戒於
百官者周礼大宰職云作大事則戒于百官贊
王命是鄭之所引以證宰戒之事也　射人至贊

者注射人主射者　釋曰上文宰官專總戒
此射人司士但別重戒之謂若天官冢宰戒百
宮伯大司寇之等重戒也云射人掌以射法
治射儀者夏官射人文云司士掌國中之士治
凡其戒令者此司士職文云國中之士總公
卿大夫士而言此射人已戒公卿大夫則司士戒士
斷章取義ちなし
職不同贊者唯有士不兼大夫已上不同者斷章可取

義故與二千職不同也云皆司馬之屬也者鄭以司云
士此皆屬司馬故云司馬屬也此上下文所云戒者
皆謂祭前旬有一日知者祭統云先朝期旬有一日宮
宰宿夫人〻〻亦散齊七日致齊三日若然卜
及戒皆在旬有一日是大宰云前期十日帥執事
而卜日遂戒注云前期前所諏之日也十日容散
齊七日致齊一云其天子〻〻又有天地及山川社稷

宗廟諸侯右有境内山川社稷宗廟卜亦及戒（天子諸侯卜日及戒同）皆同也按郊特牲云卜郊受命于祖廟作龜于禰宮卜之日王立于澤親聽誓命又云獻命庫門之内戒百官也大廟之命戒百姓也注云王自澤宮而還以誓命重相申勑也王自此還齊路寢之室若然十日在澤宮又至射宮皆同在旬有一日之十日於後日乃齊也　二所射至觀勝　注

戒也此二所有則入戒是七日二所朝此宰夫戒是申戒又加宿是多

宰夫至射宫　釋曰此宰夫戒是再戒之宿不云宿者辟下宿視滌何者宰夫戒是申戒下宿是正文宿是以宗伯云凡祀大神享大鬼祭大示帥執事而卜日宿視滌濯注云宿申也宰有以人戒宿同文明不同日以其上云二所射三日戒明此非三日是二所一日矣屬宿敘大宰下云小宰中大夫二人宰夫下大夫四人屬冢宰故云冢宰之云宰夫冢宰之屬云掌百官之徵令者宰夫職文云司馬於天子政官之卿者小宰職云四日司馬其屬六十掌邦政是也云凡大射則合、六耦者大司馬職云若大射合諸侯

之六耦是將祭而射故使諸侯為耦若其餘射
則卿大夫以下為耦也云滌謂溉器埽除者以其
諸侯射先行齒禮不覩滌器明滌器是射器及
埽除射宮也　司馬至此十　注量人至不射
釋曰云量人司馬之屬掌量道巷塗數者量
人職文　量人屬司馬故云司馬之屬也云侯謂
三侯以布以皮為鵠
所射布也者以其三侯皆以布以皮為鵠言文

飾以功也云寧者射之以威不寧侯者所停
人云毋或若汝不寧侯不屬于王所故抗而射
汝是也云[illegible]中者射之以求爲諸侯者射義文故
〔射侯以者射爲諸侯〕
天子之大射謂之射侯〻〻者射爲諸侯也射
中則得爲諸侯射不中則不得爲諸侯是也容
謂之之所以爲侯〔雅侯〕者之虎矣者此云之周礼射人
云云所以爲侯者之虎矣前容之之義以其容

身以得御天子之矢於此乏之遺不去也云則此貍
貍步ノ
步六尺明矣鄭云此者陰破先故鄭故先鄭注射
人貍步謂一舉足爲步於今爲半步故鄭注彼
亦引弓之下制六尺以人非之也云大侯熊侯之大者
與天子熊侯同者司裘職云王大射則共虎侯熊
豹侯
畿内諸侯二侯畿外諸侯三侯
侯豹侯設其鵠諸侯則共熊侯似畿内諸侯二侯
以熊侯爲首此畿外諸侯三侯與天子同不得與天

子同大射時所用物宜與畿内諸侯同用熊又與
天子熊侯同故云大侯也云參讀爲糝糝雜也雜
侯者豻鵠而麋飾下天子大夫也者司裘云卿大
夫共麋侯此則以豻皮爲鵠以麋飾其側不
用純麋是下天子大夫也必知以豻爲鵠以麋爲
飾者天子卿大夫用麋侯諸侯卿大夫亦用麋侯
並依己家用之若助祭亦射君之第二侯明君之

第一侯用麋即其側侯以飾得名又畿内諸侯
侯以飾得名
第二侯用豹爲鵠故知畿外諸侯亦以豹皮爲鵠
可知云干讀爲豻豻侯者豻鵠豻飾也者亦取煶
點息大夫將祭於己射麋侯者司裘云卿大夫共
麋侯是天子卿大夫以孝經云大夫有爭臣三人以
有乎故將祭得大射擇士鄭言此者以己射用麋
侯又見卿君祭亦射君之麋侯云士无臣祭不射

此有爭又以僕隸爲射也者孝經云士有爭友不言臣以僕隸爲之又可來卿大夫下不言士故參不言士大射若然士有賓賓射燕射不得大射雖不得大射得與君賓射故射人注不言士者此與諸侯之賓射士不與也君燕諸侯之士亦與也　遂命至用革車至志焉　釋曰上文直命量人量侯道乏遠近之處此經論張侯高下之法也云設乏西十

北十有得射ㄙ乏參侯道居侯黨之一西五步注
云此之去侯北十丈西三丈云西十北十則西與此皆
六丈不得為三分居侯黨之一者以其三侯入深
深淺也若然此三侯ㄑ下總云西十北十則三侯之
乏其三侯入處深故也若然此三侯之下總云
西十北十則三侯之乏皆西十北十矣而亦六丈者
三侯之矢揚觸人與一侯亦異也云巾車張天子

宗伯之屬者周禮巾車屬宗伯故云宗伯之屬也云裝衣車者天子五路木路並革鞔革路亦革無異飾玉路金路象路有革鞔又有玉金象為飾孤乘夏篆卿乘夏縵皆以物為飾故云裝衣車者也云侯巾類者侯亦有飾故鄉射記云凡畫者丹質及正鵠之飾故云巾類也引射義者證後射以鵠為正也云鵠之言較較直

也象者所以直己志弁下注云然則所云正者正
也此取射義篇之彼射云射者内志正外體直
然後持弓矢審固注云内正外直正鵠之名出自
此是也云或曰鵠鳥名射之難中中之爲俊是以
所射於侯取名也弁下云亦鳥名齊魯之間名題
肩爲正正鵠皆鳥之捷黠者皆以正鵠之名有
正鵠二説
此二義於兩解之也云考工記梓人爲侯廣與崇

又參分其廣而鵠居一焉者三等皆于向廣等引
道者鄭欲解注見鵠之義故先知侯鵠廣狹
尺十也云射大侯之鵠方六尺者以侯道九十弓弓
取二寸二九丈八侯中丈八尺三分其侯而鵠於一故
知鵠方六尺也云糝侯之鵠方四尺六寸大半寸者
以侯道七十弓弓取二寸則侯中丈四尺三分其侯
鵠居其一丈亚取丈二三四得四尺又於二尺之內

取丈八寸丈得六寸又二寸一寸爲三分揔六分取
二分二分許三分分一爲三分寸之二三分寸之一即是
又云參侯之鵠方四尺六寸大半寸也云豻侯之鵠方三尺三寸少半寸
大半寸着豻侯侯道五十弓弓取二寸則侯中
方一丈三分其侯鵠居一焉一丈且取九尺得三尺
一尺
求九寸得三寸一寸分爲三分得一分則是三分寸
之一三分寸之一則是少半寸故云豻侯之鵠方
尺二寸
三尺三寸少半寸也云中人之足長尺二寸者無正
无正文

文皆自驗而知之以豻侯計之者以大侯糝侯爲
下無文豻侯云下綱不及地武則豻侯下綱去
地尺二寸以是從豻侯計之也豻侯侯中一丈
上下躬及上下舌各二尺合八尺是丈八尺又下
不及地尺二寸則豻侯上綱去地丈九尺二寸也糝
侯中丈四尺中上中下各四尺得八尺并之二丈二
尺也鵠居侯中三分之一則鵠下亦有四尺六寸

大半寸，道自身四丈焉八尺六寸三分寸之二，是從法參鵠下畔與豻侯之上綱齊，所謂見鵠於豻。自餘參侯鵠下畔八尺六寸大半寸在掩，豻侯亦如之。豻侯上綱去地丈九尺二寸，直掩八尺，上有一丈一尺二寸在，復掩六寸，上有一丈六寸在，復掩三分寸二，唯有一丈五寸三分寸之一在。少半寸者，見三分寸一也。言大半寸者，見三分寸之二也。

故知糝侯下綱去地一丈五寸少半寸也大侯
中丈八尺中之上下各四尺即八尺矣中方丈
八尺更加八尺二丈六尺也糝侯去地丈五寸少
半寸本上綱下綱相去二丈二尺直舉也上綱
去地三丈二尺五寸少半寸也大侯鵠下畔與糝
侯上綱齊所謂見鵠於糝也侯中丈八尺三
分之則鵠下亦有六尺下躬身四尺一丈矣躬

大侯白質以下掩緣侯一丈也自丈以下猶有
二丈二尺五寸小半寸在是大侯下綱去地亦然
故注依此數也云三耦射三耦張侯設乏知三日者案
文々三耦射三日下云樂人宿縣下云厥明自三耦射
一日以後論事不著異日故知張侯与設乏同是
射前三日矣　樂人至南陳　注云笙猶至爲鑮
釋曰云東爲陽中萬物以生者陽之氣於此之時寸成

陽非所　子非所　高陽中

於卯故云東方為陽中也萬物以出以其正月三陽
生大蔟用事故萬物生皆云春秋傳者是外傳
伶州鳩對周景王鑄無射之者證鍾磬為笙之事
大蔟者寅上候氣之管度律均鍾金即鍾也故
奏之所以贊陽出滯云姑洗所以脩絜百物考
神物納賓者亦據度律均鍾姑洗在辰三月百
物脩絜而出考神納賓謂祭祀而有助祭之

虡二合但在一方陽簴唯有此二律故據此二律
言之是以名東方鐘磬為笙也云皆編而縣
之者言此者欲解磬非應律之物與鐘同言之
首以其鑮與鼓雖同西面三鐘同不編之而磬
與鐘同十二所故一律一虡與鐘同編又同宮故皆
謂磬磬編鐘注云磬亦編於鐘言之者鐘有編不編不編者鑮也擊之是其
言磬亦以磬所職云十二數與磬與鐘編之
此古人云笙東西方言頌者以其義明

此
亦言無一切收藏故積頑頑者昊天盛德之
究故云頑也但天有十二次也所以十二辰按書
將致天子出入奏黃鍾之鍾右五鍾皆應入則
天子出入撞鍾
撞蕤賓之鍾左五鍾皆應左右云五則陰音
鍾蕤賓為陽亦應鍾林鍾已西為右五
也大呂中呂已東為左五也云周礼曰凡縣鍾
磬半為堵全為肆者周礼小胥職一鼓鍾亦

縣下直云鐘磬者據編縣者為之鼓鎛笛虡之
七名縣一而已不編之鼓彼注云半之者謂諸侯之
卿大夫士也諸侯之卿大夫半天子之卿大夫天子
之卿大夫判縣東西各有鐘磬是全之為肆諸
侯卿大夫縣同判縣半天子卿大夫取一相鐘磬
分為兩相西縣鐘東縣磬而天子之士特縣直東
判縣直是全之為肆諸侯之士直特縣一

天子之士縣磬而已或於階閒或於東方又天子
宮縣四面皆有諸侯軒縣闕南面皆有鐘磬
鎛及鼓具長月七得大夫士皆無鎛者若有鎛則諸
侯卿手天子長兄得具是以闕之云鎛形如鐘而
大者特牲注亦云鎛如鐘而大並據國語而注
之以言鎛形如鎛鐘而復大以大故特一縣不編
之也云夫人奏以鼓鎛為節者此周禮鎛師云

章于金奏之皇注云謂主君出有則以奏其樂
鎛也以此言之則先擊鼓後擊鍾鎛皆是也
樂爲賓故鄭注以鍾鼓鎛爲節不言鍾鼓也
注鎛故不言也　建鼓至南鼓　注建猶樹也
鎛向下西面此西建鼓皆言一此建鼓不言一者
彼在本方故不須言一見無他鼓此鼓本東方以
爲君故移來在此方故須言之見不言一也云建

猶樹也以木貫而載之樹之跗也者按明堂位
云殷楹鼓周縣鼓注云楹爲之柱貫中上出也
縣縣之簨虡也此云以木貫而載之則爲之
柱貫中上出也周人縣鼓今言建鼓則殷法
也君雖通用猶之類主於射略於樂故用古鼓
云鼓異在東縣南爲君者決下一建鼓在其南
東鼓者有二前復見在東縣此者取順君面故也

也階至其比　注言成至為三屬　釋曰言春秋傳
十六是外傳文云誦歌九則者謂六府三事九
功之德是也以此九則平民使之老悪云無射所
哲人謂后稷
以宣布哲人之令德者哲人謂后稷ゝゝ以稼穡
之所成務也字亦先王之業以農為本故云示
民執軌義ゝ謂軌法義理也云先擊西鼙也為賓
所由來也者解先擊西鼙之意賓向來作

注云其縣主焉縣應故先擊朔鼙應鼙
應之也云鍾不言頌鼙不言東鼓等同省文也者
以上東方言笙鍾應鼙言南鼓此當言頌鍾東鼓
義同省文也者以上東方言笙鍾應鼙與上文同亦合
有而不言者省文也云古文頌爲庸者此經雖疊古文
今從亦通義是尚書云笙庸以閒笙東方鍾磬
西方是言庸亦功也亦有成功之義也　一建鼓至南面

注言面至軒縣　釋曰云言面者國君於其群臣備
三面爾者言國君合有三面為辟射位又與群臣射
闕此面無鍾磬鎛直有一建鼓而已故不言南鼓而
云有面也云其為諸侯則軒縣者若與諸侯饗
燕之類則依諸侯軒縣三面皆有鼓與鍾磬鎛
簜在建鼓之閒　注簜竹至於堂　釋曰按禹貢云
篠簜既敷注云篠箭簜竹故知此簜亦竹也其器則笙

也。是以下云乃管新宮，注云管謂吹簜，故知竹管也。按小師職注云管如篴而小，併兩而吹之。笙入奏樂，尸有一焉。爾雅云大笙謂之巢，小者謂之和。簫大者二十三管，長尺四寸，小者十六管，長尺二寸。大笙十九簧，小者十三簧。若然，笙與簫與管器是以其皆用竹，故云笙簫之屬也。云倚於堂者管籥吹之，又倚在兩建鼓閒者，以不得倚于鼓，故知

倚於堂也　鼗倚至西紘　注鼗如至將之　釋曰知
鼗如鼓而小者按那詩云猗與那與置我鼗鼓傳
云猗歎辭那多也鄭讀置為植植鼗鼓者
為楹貫而樹之美湯受命伐桀定天下而作
濩樂始歎之多其改夏之制乃始植我殷家之
樂鼗與鼓也鼗雖不植貫而搖之亦植之類
也可又殷人植鼓以木貫之而上有樹鼗鼓亦以木

□鼗兩而耳還自擊但手執而〻柄爲異耳云亦持之
柷云鼗鼓無鼓同文是鼗鼓如鼓而小知有柄〻賓
至搖之以奏樂者按眂瞭職云掌凡樂事播
鼗一如鼓而小也知有柄賓至搖之以奏樂者
鼗擊頌磬笙磬　磬言〻〻　鼗言播〻爲搖之可
以鼗所以節樂〻賓至乃樂作故至〻賓至搖之
以奏樂也〻云紘編磬繩也者王制曰天子賜諸侯

冕亦不紘用組之類磬又編縣之用紘故知紘
編磬繩也知設鼗於磬西倚於紘者以其頌磬
皆面向東今居其所西直故知鼗在磬西倚之
於紘也引王制者證鼗以節樂之器柷狀如漆
筩中有椎所以節樂鼗亦所以樂柷大於鼗故
賜公侯樂則以柷將命賜伯男樂則以
鼗將令自餘樂器陳設縣也　一扇羽不在此

[illegible]庭寔至作階　釋曰自此以盡晝夜定論陳設
并尊洗其饌之事按禮記並義謂食亦先行
並禮此皆至東陳皆陳設器物與並禮同但更
有許略耳云說者以為若井鹿盧者鹿盧之形
即若天下桔斫闘重鹿盧之華（輩）今見井上罌
桔槔之以索繞而挽之是也云其為字從豆曲
聲者此謂上曲下形之字乎知穀豆是有彼

從豆爲形也豐者承尊之器以象形也其以豐弄
之字豐知轂豆多有故從豆爲形也豐者承尊
之器象形也是以豐字一字曲下著豆令諸
皆以象尊觚之曲不同其字之曲所用曲年
之曲故勘邐依豊字解之義云其爲字從一
爲形以曲爲聲也云邐似豆大　云者既
用豆爲形邐邐似簋邊豆豎彎漢法所知個

豐口徑又稱亦長尺口徑小有又高此泉真

之稱口比徑各宜卷寬中央又其六高尺比

常豆而下故云近自豆而卑但豐一大木爲之

取其安穩此豐若在宗廟或兩君燕亦謂之

豐二云似尊

坫致爵在於上故論語云邦君爲兩君之好有

反坫鄭注云反坫反爵之坫是也若用豐年之

居時和年豐萬物成熟粢盛豐備以告鄉黨神歆其祀祝

豐爲坫也以承福至卿飲酒鄉射燕禮大射

我君御其臣下及四方之賓燕家富民足人情
優暇肴酒嘉肴有盈尊滿俎於以講道論政
既獻酬脩酢至無筭爵行礼卒樂和上下
相歡勸飲爲樂故也云錫細布也者喪服記曰
錫錫者十五升抽其半無事其縷有事其布
曰錫然則知錫是細布也謂之錫者治其布使之滑
易也云惟君面尊者玉藻文云面嚮也彼謂人

君燕臣子尊其惠（恩）此大射亦謂人（右）燕臣下與侯是同
專惠之道故皆尊尊卑猶君二　亦專者決約
飲酒尊于房户之間賓主共之不得專尊故也
尊士于至圜壺　注旅衆至玄酒也　釋曰前設縣特
鎛南東有一建鼓今設尊應在鼓北而云鎛南
者齊在鼓南門西北面與燕禮同而云鎛南者還繼
鎛所言必也鎛名樂以縣為主故也　又尊士獻酒

五齊
沙酒

注焉隸至東面　釋曰知焉隸僕人巾車獲侯舒侯之雍者以其此人皆有功又下文以此尊獻之故知也知沙酒濁者以五齊從下向上差之醍沈清於泛醴盎又在上齊之上故知沙酒濁也云樸特涗之以摩沙者也者此解名沙酒之意云郊特牲曰汁獻涗于醆酒者此以五齊中取醆盎齊涗之事獻沙鬱也謂鬱鬯之時和盎齊以茅摩沙出其香汁涗清

也沛之使清也此爲隸僕名卑賤之人而獻鬱鬯

者此所得獻皆因祭侯謂侯之神〻鬱鬯也云服

不並尊侯將而東於南統於侯皆東面知此不爲

大侯服不設者按上文云服不之尊東面南上故鄭云

侯將而陳於南統於侯皆東面也　設洗至西面

注或言至之文也　釋曰云或其之文也〔者〕洗篚言南陳亦

西面膳篚進言西面亦

南陳其實所從言卑其尊君故也　又設至東陳

注亦統至其南　釋曰云統於侯也者前設尊兩
獻酒亦云服不之尊侯時乎陳於南統於侯今此
設篚南在後設服不之洗在南亦統於侯　小臣至賓
注惟賓至公矣　釋曰知賓及公席布之其餘
樹之於位後者下文更有孤卿大夫席大故知也此言
未布而言布之者欲辨尊卑故先之　孤尊布後
言之者言若是不無不定故後言也云小卿命於其

大國三卿命天子 次國三卿二卿命天子一卿命君 小國二卿命君

君者也者據王制云大國三卿皆命於天子次國三
卿二卿命於天子一卿命於其君小國一卿一卿命於
天子二卿命於其君君言小卿據次國已下有之云射禮
辯貴賤也者謂當禮大小卿皆在尊東西無小卿位
故主於燕不辯貴賤故也云與君論道亦不典職
如云矣者成王周官云立太師太傅太保茲惟三公
論道經邦燮理陰陽是三公論道無職此大國立孤

一人論道與公同亦無職故云不典職如公也繼鄭不
見
周官於周禮三公亦無職考工記云坐而論道
宮僕
亦通及三公矣　下僕　釋曰與孔子僕七人
云掌王而云宮女人故見非獨掌故鄭云百官各僕
射人至西上　注大史至大令　釋曰自此盡少進
群
論郡臣立位之事云大史在干侯東北士旅食
者在士南焉有侯人時已　右改燕禮士旅食

者云于門西東上此不辯門所在士南辯上者 辯
尊有長故入庭深也云小臣師正之佐也者下有
小臣正〻長也故以師爲佐之云相君出入君之
命者有小臣正云小臣中尊如大夫之大僕故引大僕
職釋之也　注揖者至於耳　釋曰燕礼云爾以
其近門去君遠所言爾〻近也移也揖〻使移
近此入庭深故不言爾所言揖揖之而已又須

私近之也云三正三大夫諾衍者以其大夫与云衛
面有異故下列言大夫北進明上有大夫諾衍大
夫夫四字也　大射正擯　注大射正射人之長
釋曰自此盡門外北面論請六耦之事　大射正對
射人為長者小臣正對小臣亦為長　云擯
主賓者　注請士至無冪　釋曰此盡脩
者論卿大夫定位及請執冪之事云請士可

使者鄭知請上者屬共云所知云方圜壺並獻
無冪者方圜壺長尊獻儀也　告皆無冪
「射人」命主人上「注命者至略也」　釋曰知命之在
阼階東者以其公卿長位在阼者云下乃作階請公
命乃就西階請執冪者以其執冪者士位在
西故也　云羞膳者從而來者見於燕禮　釋曰云
又升壺者但以由南方升以之升向北壺是亦升

言曰人　賓辭至俱者　釋曰不言命者對君言言
命於臣略之　擯者至賓辭　注及至至主由盛
釋曰自此盡賓荅再拜論主人迎賓拜至又獻
爵之事云公降一等揖賓公言請賓至位就
席者亦是以賓與主人為亂禮不參故不請也
肆夏　詞
此言賓辭莤禮不言之文略也　肆夏與三卒　注肆夏至肆夏　釋曰云肆夏
名之言者按周禮鍾師云以鍾鼓奏九夏杜子春引呂叔玉以為肆夏時邁也繁遏
名今之與彼注亦同今此同呂叔玉說下有
執競也渠思文也後鄭云文王鹿鳴言之則九夏皆詩篇名頌之族類也此歌之大者
載在樂章樂崩亦從而亡是以頌不能具亦非以彼注破呂叔玉此注亦不以肆夏樂章

無正文故互或焉一義故不於此兩解之也
祭山川之樂聲者以其時薦云兆迎守者祭
祡望也謂迎守祭肅方山川則王制及南書
望秩於山川是也云明昭有周者美武王有明
明於周云式序在位者式用也位謂用能序
之使在官位云我求懿德者懿美也我求取美
德之人也云肆于時夏肆遂也夏大也能如此

迎於王庭之大云奏此以延賓其著宣王德勸
賓興者今國君欲此詩延賓入者其欲美諸
侯宣布王之德以勸賢人使有德言與者
獸以義解之無正文故云且以鼓之也云周禮曰賓
出入奏肆夏者按大司樂云王出入則令奏王
夏尸出入則令奏肆夏牲出入則令奏昭夏
賓客下云大饗不入牲其他皆如祭祀郊注云大饗
大饗々賓客
賓客者謂諸侯來朝者也

賓客也彼賓客謂諸侯來朝者也又不入牲
不入亦不奏昭夏也其他謂王出入尸出入
亦奏王夏肆夏以此言之王用肆夏是以饗諸
侯來朝今引之者證燕時納賓亦奏之按燕
禮記云若以樂納賓則賓及庭奏肆夏鄭云
卿大夫有王事之勞則奏之此樂焉此亦同饗
也若臣無王事之勞則如常燕無以樂納賓

法也又此約屨樂故言屨亦得用若非樂則不
下者賓辭亦出奏陔復與此異也　主人北
面　注賓將至正主　釋曰自此至虛爵降論
主人獻賓之事也云不洗辟正主者按鄉飲酒
鄉射主人降洗洗北南面是正主此宰夫代君爲主
故不於洗北南面也　注賓既至復位　釋曰云賓
既拜於筵前受爵者鄭恐讀者以拜下讀屬上句

注宰胥至於壹　釋曰云不使膳宰爲石人主飲酒
變於燕者決燕禮使膳宰爲主人飲酒故也
樂闋注門上至上也　釋曰此上經云賓眞爵拜告旨
下經云賓卒爵則此經者是賓卒酒節即樂闋燕禮
記亦云賓及庭奏肆夏賓拜酒主人答拜而樂闋
亦據酒時按郊特牲賓入大門而奏肆夏又曰卒
爵而樂闋與此卒酒樂闋不同者彼注謂朝聘者

故卒爵而樂闋此燕已臣子法故卒酒而樂
闋也云尊賓之禮盛於也者賓及庭奏肆夏乃
至升堂歆酒乃樂止是尊賓禮盛於堂上者也

儀禮疏卷第十六

卦病床粗毗一覽了

柳[illegible]

比校了

明治三十九年四月命工加裱褙

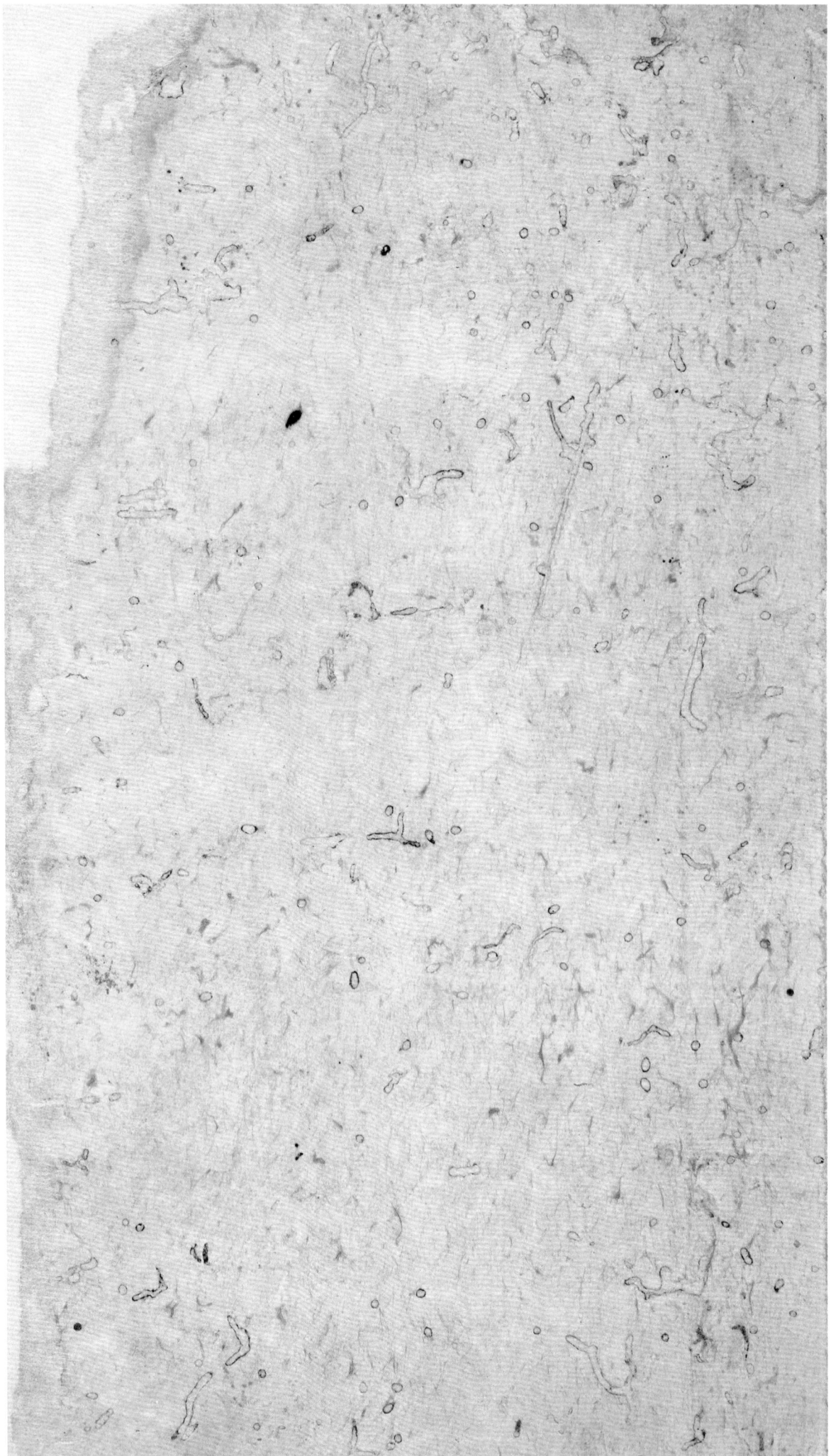

儀禮疏

〔唐〕賈公彥　撰
杜以恒　解題　校理

解題校理

本册目録

序　言

儒家傳統經典，相沿有「五經」「九經」「十三經」諸目。漢魏以降，因應官學博士制度，逐步形成各經與傳注的權威組合，呈現爲「經注本」的文本形態。南北朝時期，義疏之學興起，多以「經注本」爲基礎，疏通經義，兼釋注文，且備采衆説。唐朝貞觀年間，孔穎達奉命主持撰修《五經正義》，基於前人義疏，爲《周易》《尚書》《毛詩》《禮記》《左傳》編定新疏，幾經修訂，最終於永徽四年(653)頒布天下，以求達到統一經義目的。其後，唐又有賈公彦等撰《周禮疏》《儀禮疏》，徐彦撰《春秋公羊疏》(一説徐彦爲南北朝時人)，楊士勛撰《春秋穀梁疏》，北宋邢昺等撰《論語正義》《孝經正義》《爾雅疏》。以上孔、賈及至邢昺等所撰諸經義疏，均與經注別行，自成一書，故後世稱其爲「單疏本」。唐代單疏本長期以寫本形式流傳，今存數種敦煌殘卷，即其孑遺。北宋國子監首次刊刻唐九經義疏，以及邢昺等撰三部新疏，南宋又覆刊北宋監本。北宋本今已無存，南宋覆刊本尚有數種傳本遺存。

單疏本獨立於經注文本，在經師記誦發達時代，經注信手拈來，本無多大問題；但是進入刊本時代，加之科舉背景之下功利化的需求，讀書苟簡，單疏本與經注本參互閲讀有所不便。故此南宋高宗以降有注疏合刻之舉，因相繼刊於越州官府，款式均爲半葉八行，後世遂統稱爲「越州本」「八行本」。其後，福建建陽書坊又興起附帶陸德明釋文的注疏合刻本，融匯經注、義疏、釋文於一書，較之經注本、單疏本和越州八行本使用更加便利，因而廣受歡迎，元、明、清時代遞相翻刻。此文本形式行款爲半葉十行，故被稱爲「十行本」。總之，南宋之後，十三經的組合方式，經、注、疏、釋文的文本結構，逐漸形成固定搭配，十三經注疏遂成爲士人閲讀的基本文獻，影響深遠。注疏合刻本通行之後，單疏本缺乏閲讀需求，漸趨湮没無聞，傳本日稀。延至清代，學人可利用的單疏本已僅限於《儀禮疏》《爾雅疏》及殘鈔本《春秋穀梁疏》。錢大昕有云：「予三十年來所見疏與注別行者，唯有《儀禮》《爾雅》兩經，皆人世稀有之物也。」陳鱣亦云：「群經之疏，本自單行，今尚存宋本有三，而皆萃於吴中。三者何？《儀禮》也，《穀梁傳》也，《爾雅》也。」阮元《十三經注疏校勘記》廣羅善本，備列異同，洵稱群經校勘的典範之作，但是所採用的單疏本仍不出上述三書，而且不乏據他人校本過録者。國内現今存世的單疏本，亦僅有南宋覆刊本《周易正義》、《春秋公羊疏》(存七卷)、《爾雅疏》，清覆刊本《儀禮疏》，以及清鈔本《春秋穀梁疏》(存七卷)。

反觀日本方面，從寫本時代起，即不斷流入中土經籍文獻，及至刊本時代，規模更盛，唐鈔宋刊不絶於書，而且歷經傳鈔，存世數量頗爲可觀。以單疏本而論，據傳世本收藏印記，鎌倉時代金澤文庫五經齊備，今公私單位仍藏有南宋刊本《尚書正義》、《毛詩正義》（存三十三卷）、《禮記正義》（存八卷），以及古鈔本《周易正義》（存十部之多）、《毛詩正義》（存四篇）、《周禮疏》、《儀禮疏》（存兩卷）、《禮記正義》（存卷五）、《春秋正義》、《春秋公羊疏》。其中，《尚書正義》、《毛詩正義》、《禮記正義》、《周禮疏》、《春秋正義》，國內不傳；《春秋公羊疏》，國內存本不全。此外，古鈔本《禮記正義》（卷五）、《毛詩正義》（四篇）源出唐寫本；《周易正義》（廣島大學藏本）或源出不傳的北宋刊本；《儀禮疏》（二卷）源出南宋刊初印本，較國內影鈔、覆刊本更佳。

諸經注疏合刻本與單疏本相較，由於經疏文字率爾搭配，章節分合、長短無定，而且相互遷就改易，人爲造成經典文本的混淆。錢大昕有云：「唐人五經正義，本與注別行，後人欲省兩讀，併而爲一，雖便於初學，而卷弟多失其真，不復見古書真面。」盧文弨亦云：「古來所傳經典，類非一本。陸氏所見，與賈、孔所見本不盡同。今取陸氏書附於『注疏本』中，非强彼以就此，即强此以就彼。欲省兩讀，翻致兩傷。」單疏本與注疏本大別有二：一是卷次，二是出文。單疏本撰成於卷子本時代，多據内容分卷，不太考慮篇幅的長短，而坊刻注疏本則照顧各卷篇幅的均衡，因此造成兩者卷次的差異。出文方面，單疏本獨立於經注，故引經注文字，形式多樣，或長或短；注疏本因爲經注齊備，所以疏前引經注文字，多以固定字數標起訖方式。單疏本與注疏本卷次、出文的區別，反映出從寫本形態到刊本標準化的變異。單疏本分唐鈔與宋刊系統，宋刊雖對唐鈔有所整飭，但大致保留了原本面貌。許多注疏本的文本矛盾之處，有賴於單疏本的校勘而得以揭示。此外，單疏本所據經注文字，不乏與注疏本相異之處，也具有重要的異文價值。當然，今存單疏刊本已屬南宋覆刻，鈔本又多據南宋本傳寫，輾轉傳鈔之際，不乏文字訛脱衍倒，別體俗寫，利用亦需精加鑒別。

近代楊守敬日本訪書，率先發掘日傳單疏本，影鈔《周易正義》、《尚書正義》、《禮記正義》、《春秋正義》，並撰寫題跋揭示其文獻價值。楊氏影鈔四經單疏本經繆荃孫歸於劉承幹，今存復旦大學圖書館。劉承幹《嘉業堂叢書》即據楊氏影鈔四經單疏本，加之借鈔日本竹添光鴻藏《毛詩正義》，國內涵芬樓藏《穀梁疏》、蔣氏密韵樓藏《春秋公羊疏》，彙刻單疏本七經併附校勘記。這是單疏本首次集中刊佈，不惟底本珍罕，所附繆荃孫等校勘記亦頗具價值。其後，日本陸續將《尚書正義》、《毛詩正義》、《禮記正義》、《春秋正義》影印出版，商務印書館《四部叢刊》又將之收録，單疏本遂得到學界廣泛利用。

但是，群經單疏尤其是古鈔本的公佈出版仍存在明顯不足。日本廣島大學圖書館藏《周易正義》、京都大學圖書館藏

《周禮疏》、蓬左文庫藏《春秋公羊疏》，迄今未見出版。已經出版者，《嘉業堂叢書》據影鈔本刊刻，難免訛誤，而且統一板式、擅改文字，今日已不足重。日本影印本流傳不廣，獲取不易，黑白印刷方式也無法反映原本的豐富信息。《四部叢刊》據日本影印本覆印，與原本相去更遠。已經發佈的線上資源有限，而且存在觀覽不便、圖像質量不高問題。有鑒於此，我們決定彙編現存群經單疏古鈔本，獲取收藏單位授權高清圖像，予以彩印刊佈，力求再現古鈔本全面信息，同時附録相關敦煌殘卷參照。爲輔助開展深度研究，本叢編邀請各經專家撰寫研究性解題，並附録與存世刊本的詳盡校勘記，以及相關重要研究論文。此外，叢編還附印了日本慶應義塾圖書館新獲皇侃《論語義疏》最古寫本殘卷，以及該校附屬研究所斯道文庫藏日本文明十九年（1487）寫本《論語義疏》，並附録慶應義塾大學論語疏研究會同人的校理研究成果，據之可以思考單疏本與南北朝義疏體的關係問題。

本叢編的出版，得到了日本宫内廳書陵部、東洋文庫、蓬左文庫、京都大學附屬圖書館、慶應義塾圖書館、斯道文庫、廣島大學圖書館和國内北京大學圖書館的大力支持，高田時雄、野間文史、住吉朋彦、陳翀教授給予了無私的幫助。各經解題撰寫與校理者朱瑞澤、韓悦、杜以恒、郜同麟、李霖、郜積意、石傑、張麗娟諸同道，撥冗合作，展示了深入研究的成果。上海古籍出版社郭冲編輯是叢編的倡議者，積極參與籌劃與聯絡工作，精心編校。在此，一併表示衷心感謝。叢編或存在這樣那樣的問題，作爲主編，自然難辭其咎，請不吝批評指正。

劉玉才

二〇二四年秋於北京大學大雅堂

日本宫内廳書陵部藏舊鈔本《儀禮疏》解題

杜以恒

一、兩宋國子監刊刻單疏本概況

日本宫内廳書陵部藏《儀禮疏》抄本的抄寫時間在安元二年（1176）以前，而日本安元二年對應的中國紀年是南宋孝宗淳熙三年。要想全面、系統地認識宫内廳藏《儀禮疏》的價值，必須先對兩宋時期刊刻群經單疏本的情況有基本的認識。兩宋群經單疏本的刊行由國子監負責，王國維先生對此有開創性研究[一]，顧永新師則在王國維先生基礎上進一步鉤稽史料，詳考各經纂修人員，將北宋監本刊刻情況梳理得更爲明晰[二]，後亦有李霖老師之研究[三]，相關史實的梳理已十分詳備。今據前人之説，先簡要介紹兩宋國子監刊刻《儀禮疏》的概況。

兩宋之時崇尚文治，極爲重視經書刊刻。北宋國子監先後刊刻了諸經釋文、單疏本、經注本，其中釋文、經注本乃五代國子監校刊工作的延續，而單疏本的刊刻則是首創之舉。北宋國子監刊刻群經單疏標誌著各經單疏完成了由寫本向刊本的演變，北宋監本亦成爲後世單疏本、注疏本之祖本，其地位堪比經注本系統中的五代監本。

北宋國子監校刻群經單疏本又可依時間先後分爲五經正義、七經疏義兩個批次，賈公彦《儀禮疏》屬於「七經疏義」序列。五經正義、七經疏義刊刻歷史的考察，主要依賴《玉海》記載、各經單疏本所載北宋刻書銜名及各疏卷前牒文。據王國維先生、顧永新師考證，七經疏義校刊工作分爲校定、重校定、刊印三階段。校定自至道二年（996）開始，由李至、李沆總領。重校定自咸平三年（1000）開始，由邢昺總領。刊印則自咸平四年十月開始，於杭州開雕，景德二年（1005）六月完成。根據清道光十年（1830）汪士鐘藝芸書舍影宋刻《儀禮疏》末銜名，可知《儀禮疏》校定工作由邢昺總領，崔偓佺、王焕、孫奭、李維、舒雅、杜鎬負責校定，李慕清負責再校，板成於景德元年六月，清人稱之爲「景德官本」[四]。在七經疏義刊刻完成的景德

[一] 王國維：《五代兩宋監本考》卷中《北宋監本》、卷下《南宋監本》，民國海甯王氏刻《海甯王忠慤公遺書二集》本，第二至八葉，第二至三葉。

[二] 顧永新：《經學文獻的衍生和通俗化——以近古時代的傳刻爲中心》第一章第二節《北宋國子監校刻群經考》、第三節《南宋國子監校刻群經考》，北京大學出版社，2014 年，第 45—87 頁。顧師 2008 年曾於《宋代文化研究》發表《北宋國子監校定群經考》一文，該文 2014 年收入《經學文獻的衍生和通俗化——以近古時代的傳刻爲中心》時又有修改，今以改定本爲準。

[三] 李霖：《宋本群經義疏的編校與刊印》，北京大學出版社，2019 年，第 33—51 頁。

[四] 清人不知其所見宋單疏本爲南宋重刻，因據南宋監本因襲之北宋本銜名定南宋單疏爲北宋景德時原刻，實屬誤解。

二年五月，宋真宗親臨國子監檢視書庫，同年十月又「賜輔臣、親王《周禮》《儀禮》《公》《穀》傳疏」[一]。在宋帝親自關心過問、頒賜内外之後，北宋監本《儀禮疏》迅速流播，廣佈天下。

宋室南渡後經書書板、印本亡佚殆盡，南宋國子監遂謀重刻北宋監本諸經，單疏本亦在重刻之列。紹興十五年（1145）南宋國子監經注本諸經大體齊備，於是單疏本的重刻提上日程，博士王之望上書請「悉取近地所刊群經疏義並《經典釋文》，付國子監印數百部」，「未有板者，令臨安府速行雕造」[二]，可見所謂南宋監本單疏是由地方州郡和臨安府共同配齊的。而王之望提請重刻重印單疏本的動機，亦與北宋監刻單疏本刊刻時有所不同，顧永新師云王之望「學理上的考量在於，漢唐章句注疏之學寖微，宋儒義理之學、性理之學大行其道，佔據主導地位。在這種學術背景之下，之望雖不能明確地改弦更張，但還是希望通過官方獎進、推廣經書注疏來賡續漢唐學術傳統，以達到稽古右文的目的」[三]。需要注意的是，紹興十五年開始的單疏本校刊工作，只是針對尚未刊板的單疏本，在紹興十五年之前已有部分州府刻成若干單疏本，如日本武田科學振興財團杏雨書屋藏南宋監刻《毛詩正義》四十卷（缺首七卷）末有淳化三年（992）官員銜名及「紹興九年九月十五日紹興府雕造」刊記[四]，可知《毛詩》單疏本在紹興十五年之前就已由紹興府刻成。長澤規矩也先生曾在《現存宋刊單疏本刊行年代考》一文中論定今存《公羊》《爾雅》《儀禮》單疏均南宋孝宗末年至光宗間刊元修本[五]，李霖老師在考察汪士鐘影宋刻本《儀禮疏》刻工的基礎上，認爲南宋《儀禮疏》之覆刻當在孝宗隆興、乾道間（1163—1173）[六]，則南宋監刻諸經單疏本刊成時間當在孝宗末年前後，南宋覆刻單疏本《儀禮》的刊成的時間則在隆興、乾道間。南宋監刻單疏本在刊成後又有補修，終南宋一朝未再翻刻。至於南宋監刻單疏本的訛誤及初刻、補修問題，需要結合存世單疏傳本在内的多種資料進行綜合分析，相關討論留待下文展開。

入元後，南宋國子監書板轉入西湖書院，明時則歸南京國子監，此期間南宋監刻單疏本仍在補修刷印。《元西湖書院重整書目》著録有「《儀禮注疏》」，《南雍志·經籍考》則著録爲「《儀禮注疏》五十卷，舊板壞失，止殘板五面」，可知南宋監本

[一] 王應麟：《玉海》卷四十二《咸平校定七經疏義》條，《合璧本〈玉海〉》，京都中文出版社，1977年，第847頁。

[二] 王之望：《乞頒行群經疏義奏》，曾棗莊、劉琳主編《全宋文》卷四三五七，上海辭書出版社、安徽教育出版社，2006年，第197册，第215頁。

[三] 顧永新：《經學文獻的衍生和通俗化——以近古時代的傳刻爲中心》，北京大學出版社，2014年，第71頁。

[四] 張麗娟老師云：「此爲現存宋刻單疏本中唯一一部有明確刊年、刊地者。」南宋監刻《毛詩》單疏本詳情請參張麗娟：《宋代經書注疏刊刻研究》，北京大學出版社，2014年，第235—237頁。

[五] 喬秀岩：《〈儀禮〉單疏版本説》，《義疏學衰亡史論》，北京三聯書店，2017年，第297頁。《長澤規矩也著作集》由日本汲古書院於1982年出版。

[六] 李霖：《宋本群經義疏的編校與刊印》，第65頁。

《儀禮疏》元代尚在補修刷印，明中期時板已殘損不可刷印。

宋國子監刻單疏本《儀禮疏》價值極高，清顧廣圻曾校黃丕烈所藏宋單疏本，云：

> 此宋時官本疏，分卷五十，尚是賈公彦等所撰之舊，不侫在士禮居勘之一過，於行世各本，補其脱，删其衍，正其錯繆，皆不可勝數。其所標某至某，注某至某，尤有關於經注，而各本刊落竄易殆盡，非此竟無由得見，實於宋槧書籍爲奇中之奇，實中之寶，莫與比倫者也。[一]

張敦仁、阮元所刻《儀禮注疏》之疏文，亦源自黃丕烈舊藏宋單疏本。可惜黃丕烈、汪士鐘遞藏的宋單疏本在清中葉之後下落不明，今人僅能據傳抄、傳刻本窺見其大要。

然而，被黃丕烈、顧廣圻奉爲至寶的這部宋刻單疏本，實際上是一部殘損漫漶嚴重的南宋刻宋元遞修本，這一點從中國國家圖書館藏清黃丕烈影宋抄單疏本中就可看出。而清代至今通行的《儀禮疏》版本——清道光汪士鐘影宋刻本，就是以這部遞修單疏本爲基礎，經過顧廣圻精心校補而成。可以説，長期被學界奉爲圭臬的汪士鐘影宋刻本不僅在底本問題上存在天然的缺陷，還存在校補過多、不能反映原本面貌的問題，難以令人滿意。因此《儀禮疏》的校理及研究工作，還存在很大的空間。而進行這一工作的關鍵之一，就是日本宮内廳藏《儀禮疏》抄本。宮内廳本是現存唯一一部直接源出南宋國子監刻單疏本初刻印本的《儀禮》單疏本，也是現存唯一一部中國宋代時期的《儀禮》版本實物，還是現存産生年代最早的《儀禮》單疏本。下面，我們就以宮内廳本的徹底匯校爲基礎，結合喬秀岩等前輩的已有成果，對宮内廳本進行系統討論。

二、宮内廳本的抄寫者、抄寫年代及批校體例

日本宮内廳書陵部藏《儀禮疏》寫本，殘存卷十五、卷十六兩卷。該本半葉七行，行十八字。卷首第一行頂格題「儀禮疏卷第幾」，次行空兩格題「唐朝散大夫行大學博士弘文館學士臣賈公彦等撰」，第三行頂格書正文。宮内廳本卷十五末題「安元二年十一月廿一日戌時，以摺本比挍之，次加首付了。助教中原師直。」對於此句識語，喬秀岩先生注云：「古代日本稱中國刊本爲『摺本』。『次加首付了』，未知何意，或謂書眉批寫節次者與。」[二] 从中原師直識語字面意思看，似此本安元二年（1176，南宋孝宗淳熙三年）以前即已抄成，中原師直所作校定工作是以中國刊本校對，並於天頭添加案語。需要説明的

[一] 顧廣圻：《儀禮疏跋》，見《中華再造善本》影印國家圖書館藏黃丕烈影宋抄本《儀禮疏》卷末。此文又收入《顧千里集》，「比」誤作「此」。見顧廣圻著，王欣夫輯：《顧千里集》，中華書局，2007年，第260頁。

[二] 喬秀岩：《〈儀禮〉單疏版本説》，《義疏學衰亡史論》，第281頁。

是，宫内廳本現存兩卷的抄寫風格並不一致，似乎非出一人之手。如卷十六第五、第六葉、第二十一葉、第二十二葉、第二十三葉抄寫字體較爲圓融，其他葉抄寫字體則較爲瘦削，且較爲瘦削的字體内部書寫風格也不完全一致。總之，目前見到的宫内廳本兩卷至少由兩位抄手合作完成。而中原師直批校的文字與正文文字字體、墨色有顯著差别，因此正文的抄寫中原師直應當没有參與。由於宫内廳本抄寫時間久遠，有些文字墨色暗淡，紙張邊緣文字常有水漬蟲蛀，這不可避免地影響了該本的利用價值。

此處需要對宫内廳本「次加首付了」略作申説。「首付」即「首附」，指天頭所附批語。「次加」，即依次添加。依中原師直識語之意，宫内廳本天頭批語係中原撰作。根據筆者考察，中原師直所題宫内廳本天頭批語可分爲兩種情況，一種是於每卷卷首疏文首句之上以朱筆題寫本卷所及《儀禮》篇目的全稱或簡稱，如卷十五首句「『司宫』至『東上』」天頭朱筆寫「燕禮」二字，卷十六首句「大射第七」天頭朱筆寫「射禮」二字，這類天頭文字每卷僅有一處。另一種情況則較爲普遍，是於一段疏文之上以墨筆題寫本段疏文所論之事，並於右上角朱筆加畫一道斜線。題寫的文字類似於内容摘要，往往據一段疏文中帶有結論性質的疏文改寫而來，如卷十六首段疏文：

鄭《目録》云：「名曰大射者，諸侯將有祭祀之事，與其群臣射以觀其禮，中者得與於祭，不數中者不得與於祭。射義於五禮屬嘉禮，《大戴》此第十三，《小戴》及《别録》皆第七。」釋曰：云「諸侯將有祭祀之事」以下，文出於《射義》。

此段疏文以引述鄭玄《儀禮目録》爲主，「中者得與於祭，不數中者不得與於祭」天頭寫「數中者與祭」。大射禮並非爲比武而設，其用意在考察參與者的德行、能力等綜合素養。若參與者在國君主持的大射禮中行爲舉止合乎禮儀，射箭又能準確命中箭靶，則會被認爲是德才兼備的君子，獲得參與國君祭祀的資格。鄭玄《儀禮目録》中「中者得與於祭，不數中者不得與於祭」是關鍵句，一語道出大射禮的功用，中原師直將本段疏文關鍵句又概況爲「數中者與祭」，言簡意賅。這種内容摘要並非每段疏文都有，且摘要只是起到提示疏文關鍵信息的作用，並不能概括疏文所有信息，因此似不宜將天頭類似文字視作「書眉批寫節次者」，若理解爲方便閲讀查找而撰作的摘要式索引，可能更爲妥當。

《大射儀》第一段疏文天頭文字更顯示了這種摘要的索引性質：

「大射」至「戒射」　注「將有」至「尊者」　釋曰：自此盡「西紘」，論射前預戒諸官及張侯設樂懸之事。不言

「禮」言「儀」者，以射禮盛，威儀多，故以「儀」言之，是以《射義》云「孔子曰：射者何以射？何以聽？循聲而發，發不失正鵠者，其唯賢者乎！若夫不肖之人，則彼將安能以中」，是其射容難，故稱「儀」也。

此段疏文解釋了《大射儀》爲何稱「大射儀」而不稱「大射禮」，中原師直於「不言『禮』言『儀』者」所在行天頭上書「不言『射禮』言『儀』」六字，準確把握了本段疏文的核心論點，簡明醒目，利於查找。《大射禮》第三段天頭「將祭當射」、第四段「諸侯無冢宰立司徒兼之」等皆與前兩段疏文情況類似，兹不贅舉。

中原師直除在天頭加注篇名、摘要外，還於疏文正文所有起訖語之前右上角以朱筆勾畫，以求醒目。宫內廳本起訖語與疏文之間、起訖語與起訖語之間只以一字空格區隔，區分效果並不理想，以朱筆勾畫起訖語右上角則解決了起訖語不明顯的問題。而天頭摘要文字右上角，亦以相同朱筆勾畫加以標識。每卷卷首天頭篇題未加朱筆勾畫，大概是因爲篇題本身即以朱筆寫成，足夠醒目。當然，正文起訖語的朱筆勾畫亦偶有遺漏，如卷十五經文起訖語「無筭樂」、注文起訖語「注『升歌』至『亦然』」即無任何標識，當是偶然遺漏。

至於「以摺本比校之」，則是據中國刊本校改文字。如卷十五「此戒賓再辭，彼三辭」，宫內廳本「再」下原脱「辭彼三」三字，「再」字右側以墨筆添「辭彼三」三字，表示補正；卷十六「先期旬有一日」，宫內廳本「期」原誤作「朝」，「朝」字左側有兩個墨點，「朝」字右寫「期」字。這些校改的墨色與卷十五之末中原師直手跋及各葉天頭中原師直批注的墨色一致，明顯比正文墨色更淡，當是中原師直所爲。中原師直的校改雖然改正了不少抄寫脱訛，但仍有大量誤字未能改正，其「以摺本比校之」的校勘工作似乎難稱完善。但中原師直在卷十六末葉已有墨筆注云「卧病床，粗馳一覽」，可見中原師直本人對其校勘工作的粗疏還是有明確認知的。

綜合來看，中原師直安元二年手校的核心工作，一是校改文字，二是標示《儀禮疏》的內部層次。標示層次的具體方法是在天頭加注篇題、疏文摘要，並於疏文中朱筆勾畫起訖語。中原師直的校改一定程度上提高了抄本文字的準確性以及文本的可讀性。

此外，宫內廳本卷十六之末還有該本被後人閱讀、裝裱的記録。卷十六末葉尾題「儀禮疏卷第十六」後有墨筆題注三行，其中第一、第二行是一條，題「卧病床，粗馳一覽。掃部頭」，墨色較淡，字體與正文抄寫字體和中原師直批校字體有明顯差別。「掃部頭」，是日本宫內省下轄官署「掃部寮」的長官。掃部寮專門掌管日本皇宫內的薦席、陳設等事。中原師直批校宫內廳本在安元二年，此時擔任掃部頭的是安倍季弘。但是，掃部寮和中原家族關係密切。自從稍後於中原師直的中原師季擔任掃部頭之後，掃部寮的官職就爲中原家族世代承襲[一]。對於這一條閱讀記録，一個合理推測是：中原師直所在的中原家族長於治禮，世襲學官，宫内廳本《儀禮疏》是中原師直家族世代相傳的經典文本。由於中原家族這一學術專長，在中原師季之後，中原家族長期擔任與禮儀密切相關的掃部寮長官。而這條閱讀記録，就是中原師季以後某位擔任掃部頭的中原家族子孫的閱讀記録。當然，這條記録也可能是中原師直之前，中原家族之外的掃部頭留下的。卷十六末葉卷題後第三行墨筆題注爲第二條記録，僅有三字，即「比校了」。這三個字墨色較濃，書寫風格與卷十五之末中原師直識語相似，當是中原師直所寫，意爲本卷已經據中國刊本完成校勘。第一、第二條記録下都有墨塊，似是塗抹掉了兩個名字。塗掉的究竟是何人，爲何塗抹，已難確知。卷十六末葉後襯葉中，還有墨筆題注一行：「明治三十九年（1906，清光緒三十二年）四月命工加裱褙。」由此可知該本最終的裝裱時間。

三、宫内廳本的底本

中原師直所作工作是在《儀禮疏》抄成之後進行校改，除了使文本層次更强外，其校改重要目標自然是使抄本與所據底本保持一致，因此卷十五末中原師直識語云「以摺本比校之」，其實已經暗示抄本的底本是中國刻本，而非其他舊抄本。喬秀岩先生將宫内廳本與汪士鐘影宋刻本對校，舉出宫内廳本大量整行脱文、衍文例證，並云「或脱或衍，均與汪刻行款情況符合，可證此抄本所據乃宋刻單疏十五行行二十七字之本，既非注疏匯刻本，亦非宋刻以前之抄本也」[二]。喬秀岩先生所論極是，此再舉喬文之外新例一則，略加申述。

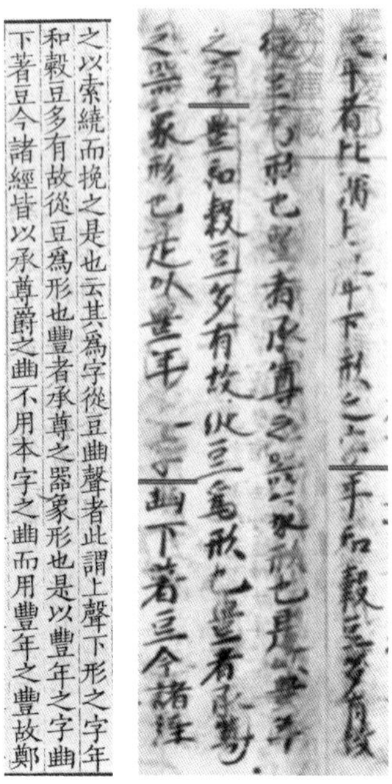

汪本　宫内廳本

圖一　宫内廳單疏本卷十六誤鈔例

汪士鐘影宋刻本卷十六第七葉A面第五、第六行倒數第二字均爲「字」，相關疏文作：

此謂上聲下形之字，年和穀豆多有，故從豆爲形也。豐者，承尊之器，象形也，是以豐年之字，曲下著豆。

而宫内廳本相關疏文則作：

〔一〕與掃部寮相關的知識，係北京大學中文系朱瑞澤博士賜教，謹致謝忱。

〔二〕喬秀岩：《〈儀禮〉單疏版本説》，《義疏學衰亡史論》，第282頁。

此謂上聲下形之字，年和穀豆多有，故從豆爲形也。豐者，承尊之器，象形也，是以豐年之字，豐和穀豆多有，故從豆爲形也。豐者，承尊之器，象形也，是以豐年之字曲下著豆。

宫内廳本抄寫至「豐年之字曲」時，誤接上行「之字」，導致重鈔「和穀豆多有」至「是以豐年之字」二十六字（見圖一）。類似因宋單疏本行款産生的誤重、脱文尚有不少，喬秀岩先生所舉諸例亦同，足見宫内廳本底本確係宋單疏本。

宋單疏本《儀禮疏》是半葉十五行行二十七字，黄丕烈影宋抄本、陳撰舊藏影宋抄本、汪士鐘影宋刻本及其餘現存諸經宋刊單疏本皆可證明這一點。喬秀岩先生對校宫内廳本與汪士鐘影宋刻本，從行數異同入手，進一步推測宫内廳本底本問題：

汪刻卷十五頁二左半頁第九行共有三十字，與常行二十七字多出三字，中間「者釋經若賓若長言若不定」等字體扁小，而抄本無「者」「若賓」三字；又汪刻卷十五頁五右半頁第一行共有二十八字，與常行多出一字，行首「陔白華華黍三篇等經注」等字稍小，而抄本不重「華」字；又汪刻卷十五頁八左半頁第十行共有二十九字，與常行多出二字，中間「者此乃」「也云亦」等字字體扁小，而抄本無「者」「云」二字。是皆汪刻字數與常行二十七字不同，而如抄本則正二十七字，可知抄本所據乃始刻板之印本，每行字數二十七，無所參差，後經修補或重刊，至汪刻所據印本則已爲補字，每行字數不等矣。（汪士鐘《重刻宋本儀禮疏序》云「每行廿七字，修者不等」，即謂此。）然則此雖殘卷，所據乃單疏始刻印本，較汪刻所據爲早，實足珍重。（原注：至謂所據是否爲北宋版，則尚無明證。）〔二〕

喬秀岩先生所舉三例中，汪刻有違行二十七字之常例，而宫内廳本此三處皆有異文，從異文看其所據宋本當恰爲二十七字，以此論斷宫内廳本底本較汪士鐘所據影刻之本刷印時間早，且未經補修，較有説服力。但有幾個可能影響這一結論準確性的因素值得我們略加注意：其一，宫内廳本抄寫錯誤率較高（下文有專論），這些錯誤可能只是宫内廳本的疏失之一；其二，宋代單疏初刻本行字亦非完全一致，行字不一、文字擠刻現象往往有之；其三，汪士鐘影宋刻本經顧廣圻校改，已非宋刻原貌。

《中華再造善本》影印國家圖書館藏黄丕烈影宋單疏抄本是最終解決這一問題的關鍵〔三〕。黄丕烈影宋抄本是其收藏

〔二〕喬秀岩：《〈儀禮〉單疏版本説》，《義疏學衰亡史論》，第282頁。
〔三〕喬秀岩先生大作撰寫於1999年，彼時《中華再造善本》尚未問世，國圖官網亦未公佈黄丕烈本書影，喬秀岩先生没有條件利用此本。

時影抄，其抄寫時間在汪士鐘獲得宋單疏本之前，且黄丕烈影宋抄本對於原書版面情況還原度最高，補板葉於右上角朱筆書「修版」，宋本缺葉、闕文、斷板、壞字皆朱筆注明。今將宫内廳本、黄丕烈本卷十六對讀，黄丕烈影宋抄本共標記斷爛七十五處，涉及疏文九十九字，標記闕文一處，涉及疏文一字。而黄丕烈本標記所及一百字，宫内廳本均不誤。宫内廳本抄寫錯誤率較高，並非精寫精校之本。黄丕烈本標記斷爛、闕文處宫内廳本均不誤，這只能説明宫内廳本底本較黄丕烈所見本先印，版面狀況較好，很有可能是初刻。又從避諱、刻工看，黄丕烈、汪士鐘所見宋單疏本是宋刊宋元遞修本，而宫内廳本抄寫於安元二年（南宋淳熙三年）之前，自然不能以黄、汪所藏宋刊元修本爲底本。李霖老師認爲喬秀岩先生所舉汪士鐘本行數不齊之例，是南宋覆刻北宋監本時對照北宋監本所作校補，而非南宋監本本身補修所致，且宫内廳本抄成時南宋監本刊成最多不過十年，「此日抄本之底本及用以比校之『摺本』，當係同一版本，即南宋覆刻初印本」[一]。既然宫内廳本所據乃一漫漶較少的初刻早印本，那麽刊成不久的南宋監本自然是最有可能成爲宫内廳本底本的版本，李霖老師所論當是。但宫内廳本抄成時間早於安元二年，具體抄寫時間未知，且南宋監本在中土印行並流播至日本客觀上也需要一定時間，因此尚不能完全排除宫内廳本係據一部珍貴的北宋監刻單疏本或其傳抄本抄寫的可能。

四、宫内廳本的訛誤

上文已論宫内廳本多有整行重文、衍文之處，但類似脱誤尚可依據宋單疏本行數規律進行恢復。相對來説，抄寫個別字詞所產生的筆誤則更難發現，對校讀利用影響更大。筆者通校宫内廳本殘存的卷十五、十六兩卷，發現宫内廳本存在大量抄寫時致誤之處，如：

（1）阮本《儀禮注疏》卷十五疏：「周制使伯佐牧，不置監。」

宋本《儀禮經傳通解》、宋本《儀禮要義》、黄丕烈影宋抄本、汪士鐘影宋刻本、陳鳳梧注疏本、汪文盛本、聞人詮本、李元陽本、北監本、毛本、殿本、庫本、張敦仁本與阮本同，獨宫内廳本「監」下又衍「監」字。

（2）阮本《儀禮注疏》卷十五疏：「此作樂之時依於瑟，即詩注云『曲合樂曰歌』，一也。」

宋本《通解》、宋本《要義》、黄丕烈影宋抄本、汪士鐘影宋刻本、陳鳳梧注疏本、汪文盛本、聞人詮本、李元陽本、北監本、毛本、殿本、庫本、張敦仁本與阮本同，獨宫内廳本「注」下脱「云」字。

（3）阮本《儀禮注疏》卷十六疏：「謂若《天官》冢宰戒百

[一] 李霖：《宋本群經義疏的編校與刊印》，第66—68頁。

官、宗伯、大司寇之等重戒也。」

宋本《通解》、黄丕烈影宋抄本、汪士鐘影宋刻本、陳鳳梧注疏本、汪文盛本、聞人詮本、李元陽本、北監本、毛本、殿本、庫本、張敦仁本與阮本同，獨宫内廳本「官」「宗」二字誤乙。

（4）阮本《儀禮注疏》卷十六疏：「云『大侯，熊侯，謂之大者，與天子熊侯同者』。」

黄丕烈影宋抄本、汪士鐘影宋刻本、陳鳳梧注疏本、汪文盛本、聞人詮本、李元陽本、北監本、毛本、殿本、庫本、張敦仁本與阮本同，獨宫内廳本脱「謂」字。

類似例證尚多，爲免繁重，此列宫内廳本卷十五、十六脱誤表（宫内廳本已自行校改的脱誤不計入）：

宫内廳本《儀禮疏》卷十五、十六脱誤統計表

序號	卷數	類型	黄丕烈本、汪士鐘本等諸本	宫内廳本
1	十五	訛誤	注「命長」至「暇也」	再拜
2	十五		釋經「若賓若長」	右
3	十五		決上卿與賓得獻	即
4	十五		云君意殷勤，欲留賓飲酒	躬
5	十五		彼據尊者坐在室	披
6	十五		疏「大夫祭薦」	庶
7	十五		疏「主人」至「立飲」	位
8	十五		大射之時略於燕，主於射	至
9	十五		鄭注云：「先奏鍾次擊鼓。」	吹

續表

序號	卷數	類型	黄丕烈本、汪士鐘本等諸本	宫内廳本
10	十六	訛誤	言乏，矢於此乏匱不去也	遺
11	十六		自一丈以下猶有二丈二尺五寸少半寸在	小
12	十六		不用本字之曲而用豐年之豐	曲年之曲
13	十六		云「唯君面尊」者	佳
14	十六		決《鄉飲酒》尊于房户之閒	問
15	十五	脱文	皆是爲大尊屈之也	之
16	十五		云「賓則以酬長，長則以酬賓」者	賓
17	十五		云「亦獻而後布席也」者	布
18	十五		即詩注云「曲合樂曰歌」，一也	云
19	十五		至於《冬官》，巧作者皆稱工	於
20	十五		饗禮之法，莫問尊卑	之法
21	十五		故大夫不敢獨在西階下，故復位	故
22	十五		注云：「脀，腸閒脂。」此及大射其牲皆用狗，故知有肝脀狗胾。知有炮鼈膾鯉者。	膾鯉者
23	十五		云「不洗者，以其賤」者	賤
24	十五		云「亦畢獻乃薦之」者	亦
25	十五		又知「僕人正」以下在小樂正之北北上者	北
26	十五		又工堂上西階之東相工者	工
27	十五		此經云「士終旅於上如初」	上
28	十五		此歌之大者，載在樂章	載在

續表

序號	卷數	類型	黃丕烈本、汪士鐘本等諸本	宮内廳本
29	十六	脫文	數中者得與於祭，不數中者不得與於祭	中者/與祭
30	十六		云「大侯，熊侯，謂之大者，與天子熊侯同者」	之大者
31	十六		西亦六丈者，以三侯恐矢揚傷人	三侯
32	十六		其實在鼓南，門西北面	實在
33	十六		鬯鬱又在五齊之上	鬯又在
34	十六		此以五齊中，取醆酒盎齊沸鬱鬯之事	醆盎齊
35	十六		後鄭云：以《文王》《鹿鳴》言之	《文王》
36	十六		亦據晬酒時	酒時
37	十六		云「尊賓之禮盛於上也」者	於也
38	十六		是「尊賓之禮盛於堂上」者也	賓禮
39	十六	倒文	謂若《天官》冢宰戒百官，宗伯、大司寇之等重戒也	宗官
40	十五	衍文	云「言諸者，容牧有三監」者	牧者
41	十五		周制使伯佐牧，不置監	監監
42	十五		行於西階之上	行於酬行於
43	十五		故雖舉旅行酬，而未立司正	未位立
44	十五		云「其人數亦如之」者	如是
45	十五		大射納射器之後無張侯之事	納器
46	十五		鄭注云：涉等聚足，謂前足躡一等	足足
47	十六		云「鎛如鍾而大」者	鎛形如

續表

序號	卷數	類型	黃丕烈本、汪士鐘本等諸本	宮内廳本
48	十六	衍文	今諸經皆以承尊爵之冪	以一承尊
49	十六		《喪服記》曰：錫者，十五升抽其半	錫錫
50	十六		故卒爵而樂闋	卒卒爵

綜合宋本《通解》、黃丕烈影宋抄本、汪士鐘影宋刻本及經義，可以判定以上諸例皆是宮内廳本誤，衆本不誤。《儀禮疏》卷十五、十六共計約二萬一千零六十字〔一〕，僅兩卷之中，宮内廳本就有五十處脫誤，涉及八十四字，錯誤率達千分之四。喬秀岩先生引汪紹楹云「圖書寮有舊抄本《儀禮疏》一册，存十五、十六。書法潦草，譌字亦不尠，然體式猶存『單疏』面目」〔二〕，可見前人對此本多有訛誤已有準確認識。

五、宮内廳本的價值

宮内廳本雖然是一部抄寫質量欠佳的殘本，但作爲南

〔一〕 字數據版葉常規行款估算。宋單疏本《儀禮疏》每葉三十行，行二十七字，每葉八百一十字。宋單疏本《儀禮疏》卷十五、十六共二十五個整葉，兩個半葉。按照二十六個整葉計算，卷十五、十六總字數爲此數。

〔二〕 喬秀岩：《〈儀禮〉單疏版本説》，《義疏學衰亡史論》，第 280 頁。喬書未注出處，此言見汪紹楹：《阮氏重刻宋本十三經注疏考》，《文史》1963 年第 3 輯，第 47 頁。

宋淳熙之前據宋單疏本抄成之本，在宋單疏本原本亡佚，現存之黄丕烈影宋抄本多訛誤、汪士鐘影宋刻本多校改的情況下，宫内廳本仍具有較大價值，以下分三個方面進行討論。

（一）驗證清黄丕烈影宋抄本、汪士鐘影宋刻本的存真程度

宫内廳本價值之一，在印證黄丕烈影宋抄本、汪士鐘影宋刻本總體傳宋本之真。筆者匯校卷十五、十六時發現，宫内廳本、黄丕烈影宋抄本、汪士鐘影宋刻本、張敦仁本、阮元本、嘉業堂本文字總體一致，與宋本《通解》、陳鳳梧注疏本系統諸本文字整體差異較大。喬秀岩先生云宫内廳本「可證汪刻實傳宋本真面目」[一]，即此意也。

（二）勘驗清黄丕烈影宋抄本、汪士鐘影宋刻本的文字正誤

宫内廳本價值之二，則在勘驗黄丕烈影宋抄本、汪士鐘影宋刻本文字。宫内廳本抄寫錯訛較多，且僅存兩卷，當然不能作爲今人研讀《儀禮疏》主要的依據，讀《儀禮疏》仍要依賴黄丕烈、汪士鐘本。然而黄丕烈影宋抄本雖然注重體現宋單疏本原貌，可惜抄手誤抄較多。汪士鐘影宋刻本雖較精良，但校改較多，已難盡信。無論黄丕烈影宋抄本還是汪士鐘影宋刻本，事實上都難以讓人放心地將其等同於宋本。這種情況下，與黄、汪二本同源的宫内廳本對判斷黄本、汪本異文具有特殊價值，兹舉兩例論之：

（1）阮本《儀禮疏》卷十六：「併兩而吹之，今大予樂官有焉。」

宋本《通解》、宫内廳本、汪士鐘影宋刻本、北監本、毛本、殿本、庫本、張敦仁本、嘉業堂本與阮本同，宋本《要義》、黄丕烈影宋抄本、陳鳳梧注疏本、汪文盛本、聞人詮本、李元陽本「予」作「子」。此處依經義當作「予」，武英殿本《儀禮注疏・考證》云：「臣學健按：大予，漢樂官名，或本作『子』者誤。」但從異文來看，黄丕烈影宋抄本作「子」，且與宋本《要義》、陳鳳梧注疏本等本同，而汪士鐘影宋刻本則作「予」。宋本《要義》涉及疏文的内容本就是自宋單疏本節略而來，今又有影宋抄本與宋本《要義》同誤作「子」，則不能排除宋單疏本因形近致誤作「子」，影宋刻本校改作「予」的可能。而宫内廳本此處正作「予」，與影宋刻本同，則可知宋單疏本原作「予」不誤，宋本《要義》、黄丕烈影宋抄本在節抄、影抄時誤作「子」。

（2）阮本《儀禮疏》卷十六：「云『前射三日，張侯設乏』。」

[一] 喬秀岩：《〈儀禮〉單疏版本説》，《義疏學衰亡史論》，第283頁。

宮内廳本、黄丕烈影宋抄本、陳鳳梧注疏本、汪文盛本、聞人詮本、李元陽本、北監本、毛本、殿本、庫本、張敦仁本、嘉業堂本與阮本同，汪士鐘影宋刻本「三」作「二」。此處依經義當作「三」，倉石武四郎《儀禮疏攷正》云：「『二』，各本作『三』，是也。」但影宋刻本與黄丕烈影宋抄本文字不同，很難確定究竟哪一本是宋單疏本原貌。此時藉助宫内廳本，便可知宋單疏本當與黄丕烈本同作「三」，不誤，影宋刻本作「二」係形近誤刻。

（三）充當宋刻單疏本初刻、補修研究的關鍵坐標系

宫内廳本價值之三，在於可以充當宋單疏本初刻、補修研究的關鍵坐標系。

藏書家、校勘學家在收藏、校勘古籍時，普遍偏愛古籍的初刻本。因爲初刻本版面尚無殘損漫漶，文字齊整，版面狀態最佳，刷印出來的印本完整清晰。而隨著板片刷印次數、存儲時間的增加，書板的漫漶、殘損乃至斷裂接踵而至，要想繼續刷印就不得不對板片進行補修。殘損嚴重的板片，整葉抽换，是爲「補板」；殘損不甚嚴重的板片，則進行局部修整，是爲「修版」。但是在補修的過程中，不可避免要新增加訛誤，因此一部古籍的補修本總是在文字準確度、清晰度上與初刻本存在不小的差異。南宋國子監所刻單疏本《儀禮》在刻成後經歷了多次補修，也存在初刻本、補修本文字不同的問題。但可惜的是，兩宋國子監刻單疏本原本無一幸存，我們已無從展開直接研究。不過，兩宋國子監刻單疏本，尤其是南宋國子監刻本，在歷史中産生了重大影響，留下了衆多痕跡。現今存世的宫内廳藏南宋抄本、清黄丕烈影宋抄單疏本、清汪士鐘影宋刻單疏本均源出宋單疏本，是宋單疏本直接衍生的版本；明嘉靖元年（1522）或二年刊刻的陳鳳梧本《儀禮注疏》以及清嘉慶十一年（1806）刊刻的張敦仁本《儀禮注疏》的疏文直接來自宋刻單疏本；朱熹《儀禮經傳通解》、魏了翁《儀禮要義》這兩部重要的宋代《儀禮》經解中的疏文亦是自宋單疏本剪裁而來，二書均有宋刻本存世；此外，天一閣博物館還收藏有一部顧廣圻批校的北監本《儀禮注疏》，其中記録了大量宋單疏本異文，充分展示了宋單疏本的面貌。如果系統梳理這些材料，我們仍有考察南宋刻單疏本補修細節的可能。

需要指出的是，這些版本、經解、批校雖然都源出宋單疏本，但對應的宋單疏本印次却不盡相同。宫内廳藏南宋抄本《儀禮疏》、朱熹《儀禮經傳通解》、魏了翁《儀禮要義》中的疏文應當源自南宋國子監刻單疏本的初刻本，而清黄丕烈影宋抄本《儀禮疏》、清汪士鐘影宋刻本《儀禮疏》、清顧廣圻批校本、清張敦仁本《儀禮注疏》中的疏文則來自南宋國子監刻單疏本的宋元遞修本，至於明陳鳳梧本《儀禮注疏》疏文的來源，則很

難確定是來自初刻本還是補修本。此外，這些版本、經解、批校對宋單疏本原貌的反映程度也有很大差異。宫内廳本雖然抄寫脱誤較多，但抄寫者極少作主動校改，因此其文字較爲忠實地反映了南宋刻單疏本的文字面貌；宋刻《儀禮要義》雖然只是一部《儀禮》經解，但實際上是以南宋刻單疏本爲基礎剪裁而來，且删改較少，可以視作南宋刻單疏本的節録本；宋刻《儀禮經傳通解》中的疏文與《要義》一樣源出南宋刻單疏本，但朱熹在利用單疏本疏文時删省、改寫頻繁，其疏文與南宋單疏本原文差距較大；明陳鳳梧刻《儀禮注疏》的疏文多據朱熹《通解》改單疏本原文，反映宋本原貌的程度亦不理想；清黄丕烈影宋抄本、天一閣藏顧廣圻批校北監本的批注竭盡所能地反映所見單疏本的原貌，對單疏本的還原程度極高；清汪士鐘影宋刻本、張敦仁刻《儀禮注疏》追求文字的完整、準確，其對單疏本文字的忠實程度不如黄丕烈本及顧校本。總之，各種材料之中，能夠較爲忠實地反映所據單疏本面貌的是宫内廳本、宋刻《儀禮要義》、黄丕烈影宋抄本、天一閣藏顧校本，宋刻《儀禮經傳通解》、明陳鳳梧刻《儀禮注疏》、清汪士鐘影宋刻單疏本、清張敦仁刻《儀禮注疏》的存真程度則略遜一籌。

筆者對源出宋單疏本的上述版本、經解、批校進行匯校，同時充分考慮這些材料對應的印次及存真程度的差異，對校勘出的異文進行了系統分析，發現了一些南宋刻單疏本原刻本與補修本的文字差異，如：

（1）阮本《儀禮疏》卷十五：「言容有異代之法。」

宫内廳本、宋本《儀禮經傳通解》、宋本《儀禮要義》、陳鳳梧注疏本、汪士鐘影宋刻本、張敦仁本與阮本同，黄丕烈影宋抄本「容」作「空」，天一閣顧校本「容」字地脚朱筆寫「空」字。此「容」字，黄丕烈影宋抄本作「空」，天一閣顧校本亦於地脚朱筆寫「空」字，以明顧廣圻所見單疏本確實作「空」而不作「容」，則黄丕烈、汪士鐘遞藏遞修宋單疏本作「空」無疑，汪士鐘影宋刻本、張敦仁本作「容」，乃顧廣圻據北監本刻意校改，非據所見單疏而來。本句疏文位於宋單疏本卷十五第一葉，該葉右上角黄丕烈影宋抄本朱筆注云「修板」，可知是該版葉經過了修補。此「容」字，宋刻《要義》及南宋抄宫内廳本均不誤，可見宋單疏本原本「容」字並不誤「空」，作「空」是修板之失。此是南宋國子監刻單疏原本不誤，補修本誤之一例。

（2）阮本《儀禮疏》卷十五：「此《燕禮》，國君燕其臣子。」

宫内廳本、宋本《通解》、宋本《要義》、陳鳳梧注疏本、汪士鐘影宋刻本、張敦仁本與阮本同，黄丕烈影宋抄本「臣」作「君」，天一閣顧校本「臣」字右側有朱筆圈點，地脚朱筆注「君」字。據黄丕烈影宋抄本、天一閣顧校本，此「臣」字黄丕烈、汪士鐘遞藏之補修宋單疏本誤作「君」，而宫内廳本及宋刻《通解》、宋刻《要義》、陳鳳梧注疏本均不誤，可見單疏原刻並不誤。顧廣圻校本從北監本改作「臣」，汪士鐘影宋刻本、張敦仁本均據顧氏校本改作「臣」。

（3）阮本《儀禮疏》卷十五：「云『降自阼階，以賓親徹，若君親徹然』者。」

宮内廳本、陳鳳梧注疏本、汪士鐘影宋刻本、張敦仁本與阮本同，黄丕烈影宋抄本「阼」作「祚」，天一閣顧校本「阼」字右側有朱筆圈點，地脚朱筆注「祚」字。據黄丕烈影宋抄本、天一閣顧校本，此「阼」字黄丕烈、汪士鐘遞藏之補修宋單疏本誤作「祚」，而宮内廳本、陳鳳梧注疏本不誤，可見單疏原刻並不誤。顧廣圻校本從北監本改作「阼」，汪士鐘影宋刻本、張敦仁本均據顧氏校本改作「阼」。

以上三例，均是南宋刻單疏本原版不誤，補修時新增的錯誤，屬於版本質量的「減法」。但是南宋刻單疏本的補修工作偶爾也有「加法」，改正了一些單疏初刻本的錯誤，如：

（1）阮本《儀禮疏》卷十五：「故由楹内適東楹之東告于公。」

宋本《通解》、陳鳳梧注疏本、黄丕烈影宋抄本、汪士鐘影宋刻本、張敦仁本與阮本同，宮内廳本、宋本《要義》「内」作「由」。從經義來看，此處「内」作「由」不通，作「内」是，宮内廳本、宋本《要義》同誤作「由」當非巧合。此「内」字，當是南宋單疏本初刻誤作「由」，補修時改正作「内」。宋刻《通解》不誤，當是朱子據文義校改初刻本之失。

（2）阮本《儀禮疏》卷十五：「或亦其實不專主爲賓，兼羣臣共安也。」

宋本《通解》、陳鳳梧注疏本、黄丕烈影宋抄本、汪士鐘影宋刻本、張敦仁本與阮本同，宮内廳本、宋本《要義》「共」作「其」。從經義來看，此處「共」作「其」不通，作「共」是，宮内廳本、宋本《要義》同誤作「其」當非巧合。此「共」字，當是南宋單疏本初刻誤作「其」，補修時改正作「共」。宋刻《通解》不誤，當是朱子據文義校改初刻本之失。

（3）阮本《儀禮疏》卷十六：「引《王制》者，證籩爲節樂之器。」

陳鳳梧注疏本、黄丕烈影宋抄本、張敦仁本、汪士鐘影宋刻本與阮本同，「引《王制》者，證籩以節樂之器」，宮内廳本、宋本《要義》「爲」作「以」。從經義來看，此處「爲」作「以」不通，作「爲」是，宮内廳本、宋本《要義》同誤作「以」當非巧合。此「爲」字，當是南宋單疏本初刻誤作「以」，補修時改正作「爲」。

當然，這種補修本文字優於原刻本的案例，屬於絶對少數。補修本與原本不同的文字，基本都是補修時新增的脱訛。

雖然補修本在補修時會新增不少訛誤，改正少量原版訛誤，但在廣義上補修本與初刻本仍是同一版本，他們大部分文字是共通的。補修本中的大量訛誤，其實都是初刻本固有的，如：

（1）阮本《儀禮疏》卷十五：「彼不依琴瑟闇讀之。」

宋本《儀禮要義》、陳鳳梧注疏本、汪士鐘影宋刻本、張敦仁本與阮本同，宮内廳本、黄丕烈影宋鈔本「彼」作「被」，天一閣顧校本「彼」字右側有朱筆圈點，地腳朱筆注「被」字。宮内廳本、黄丕烈影宋鈔本、顧廣圻校本批注均作「被」，説明單疏本初刻、補修本此「彼」字均誤作「被」。《要義》、陳鳳梧注疏本、汪士鐘影宋刻本、張敦仁本不誤，當是據文義校改。

（2）阮本《儀禮疏》卷十五：「是以特言此也。」

「特」字，陳鳳梧注疏本、汪士鐘影宋刻本、張敦仁本與阮本同，宮内廳本、黄丕烈影宋鈔本「特」誤作「恃」。宮内廳本、黄丕烈影宋鈔本同誤，説明單疏本初刻、補修本此「特」字均誤作「恃」，陳鳳梧注疏本、汪士鐘影宋刻本、張敦仁本不誤，當是據文義校改。

（3）阮本《儀禮疏》卷十五：「《大射》亦先請於君，故故大射初。」

黄丕烈影宋抄本、汪士鐘影宋刻本、張敦仁本與阮本同，宋本《通解》僅一「故」字，陳鳳梧注疏本「故故」作「故曰」，天一閣顧校本底本（北監本）「故故」作「故曰」，朱筆圈改作「故故」，天頭墨筆注云：「復衍一『故』字。」此處作「故故」不通，明顯有誤，顧廣圻已指出此處當衍一「故」字。然宮内廳本、影宋抄本、張敦仁本、影宋刻本均作「故故」，可知單疏本初刻本、補修本均誤作「故故」。《通解》刪一「故」字，陳鳳梧注疏本改「故故」爲「故曰」，皆是據文義進行的校改。

（4）阮本《儀禮疏》卷十五：「凡樂事，正舞位。」

宋本《通解》、宋本《要義》、陳鳳梧注疏本、汪士鐘影宋刻本、張敦仁本與阮本同，宮内廳本、黄丕烈影宋抄本「凡」誤作「几」，天一閣顧校本「凡」字右側有朱筆圈點，地脚朱筆注「几」字。宮内廳本、黄丕烈影宋抄本、顧廣圻校本批注均作「几」，説明單疏本初刻、補修本此「凡」字均誤作「几」，《通解》、《要義》、陳鳳梧注疏本、汪士鐘影宋刻本、張敦仁本不誤，當是據文義校改。

（5）阮本《儀禮疏》卷十五：「云『左右正，謂樂正、僕人正也』。」

陳鳳梧注疏本、汪士鐘影宋刻本、張敦仁本與阮本同，宋本《要義》無「云」字，宮内廳本、黄丕烈影宋抄本「云」誤作「士」，天一閣顧校本「云」字右側有朱筆圈點，地脚朱筆注「士」字。宮内廳本、黄丕烈影宋抄本、顧廣圻校本批注均作「士」，説明單疏本初刻、補修本此「云」字均誤作「士」。《要義》徑刪「士」字，陳鳳梧注疏本、汪士鐘影宋刻本、張敦仁本作「云」字，當是據文義校改。

（6）阮本《儀禮疏》卷十五：「故使之在門爲大燭也。」

宋本《要義》、陳鳳梧注疏本、張敦仁本與阮本同，宮内廳本、黄丕烈影宋抄本、汪士鐘影宋刻本「也」誤作「地」，天一閣顧校本「也」字右側有朱筆圈點，地脚朱筆注「地」字。宮内廳本、黄丕烈影宋抄本、汪士鐘影宋刻本、顧廣圻校本批注均作「地」，説明單疏本初刻、補修本此「也」字均誤作「地」，《要義》、陳鳳梧注疏本、張敦仁本不誤，當是據文義校改。

（7）阮本《儀禮疏》卷十五：「云『敢者，怖懼用勢決之辭也』者。」

陳鳳梧注疏本、汪士鐘影宋刻本、張敦仁本與阮本同，宮內廳本、黃丕烈影宋鈔本「勢」誤作「熱」，天一閣顧校本「勢」字右側有朱筆圈點，地腳朱筆注「熱」字。宮內廳本、黃丕烈影宋鈔本、顧廣圻校本批注同誤，說明單疏本初刻、補修本此「勢」字均誤作「熱」，陳鳳梧注疏本、汪士鐘影宋刻本、張敦仁本不誤，當是據文義校改。

（8）阮本《儀禮疏》卷十六：「注云『此乏去侯北十丈，西三丈』。」

宋本《通解》、陳鳳梧注疏本、汪士鐘影宋刻本、張敦仁本與阮本同，宮內廳本、黃丕烈影宋抄本「丈」誤作「文」，天一閣顧校本「丈」字地脚朱筆寫「文」字。宮內廳本、黃丕烈影宋抄本、顧廣圻校本批注同誤，說明單疏本初刻、補修本此「丈」字均誤作「文」，《通解》、陳鳳梧注疏本、汪士鐘影宋刻本、張敦仁本不誤，當是據文義校改。

（9）阮本《儀禮疏》卷十六：「故云近似豆而卑。」

宋本《通解》、宋本《要義》、陳鳳梧注疏本、張敦仁本與阮本同，宮內廳本、黃丕烈影宋抄本、汪士鐘影宋刻本「似」作「自」，天一閣顧校本「似」字地脚朱筆寫「自」字。倉石武四郎《儀禮疏攷正》云：「『自』，當從各本作『似』。」從文義看，倉石之說當是。宮內廳本、黃丕烈影宋抄本、汪士鐘影宋刻本、顧廣圻校本批注同誤，說明單疏本初刻、補修本此「似」字均誤作「自」，《通解》《要義》、陳鳳梧注疏本、張敦仁本不誤，當是據文義校改。

通過上述分析，我們可以推知南宋刻單疏本在宋元補修時新增了不少文字訛誤，也改正了少量原版固有的訛誤，而南宋刻單疏本原版的訛誤大部分被補修本一併繼承下來。至於南宋單疏本原刻本的訛誤到底是北宋國子監本固有的，還是南宋國子監在翻刻時新增的，已無從考察。然而，這些宋單疏本初刻、補修的寶貴線索，在通行的汪士鐘影宋刻單疏本中已蕩然無存。學界看到的完整精美、文字準確的影刻宋單疏本，是經過顧廣圻精心修潤的，與其影刻底本的面貌已相去甚遠。清代的影刻本的首要追求是可讀性，需要文本内容全、質量好。至於展現所據宋刻本的原貌，只能是首要追求之餘的量力而行。

需要特别指出的是，這種宋單疏本初刻、補修的分析工作高度依賴宮内廳藏南宋抄本這一關鍵的坐標系，但宮内廳本僅存卷十五、十六兩卷，因此這一富有意義的復原工作無法大面積展開。從這一遺憾中，我們也可以進一步認識到脱訛較多的宮内廳本在版本研究中具有獨特價值。我們以往評價某部版本的價值，比較重視這部版本是否能勘正宋本或通行本的文字訛誤。但從宮内廳本的情況來看，即便有些早期的刻本、抄本不能勘正今本文字，它們與今本相同的文字仍能在版本研究中起到關鍵的坐標系作用。

總體來看，日本宫内廳藏《儀禮》單疏寫本雖然僅存兩卷，抄寫錯誤較多，但宫内廳本的抄寫錯誤均屬於常見的技術性疏失，較易分辨，且宫内廳本幾乎没有刻意的校改，其没有抄錯的文字可以比較忠實地反映所據南宋監刻單疏本的文本面貌。藉助宫内廳本，我們可以勘驗包括黄丕烈影宋抄、汪士鐘影宋刻在内的存世單疏本、注疏本的疏文，還可以推測南宋刻單疏本初刻、補修印本的區别和聯繫。在宋刻單疏本原本無一幸存的情况下，這部南宋孝宗時期抄寫的單疏本無疑具有極高的學術價值。

這樣一部珍貴的抄本，長期以來不爲人知。1984 年蜂屋邦夫所編《儀禮士冠疏》由日本汲古書院出版，書後附有宫内廳本黑白書影，自此學界才得以窺見該本面貌。近年來，宫内廳書陵部於其「宫内廳書陵部收藏漢籍集覽」網站公佈了該本彩色書影，提供了更好的研究條件，但所公佈的書影清晰度仍不夠理想。上海古籍出版社本次影印，專門委託宫内廳書陵部以最新的技術手段重新拍攝了彩色高清圖像，很多原本模糊不清的細節得以清晰展現，這必將有力推動經書版本、寫本學、書籍史等相關領域的研究。

校理

凡例

兩宋國子監所刻群經單疏本是刻本時代群經疏文的共同祖本，然兩宋所刻《儀禮》單疏本均已亡佚，欲校理南宋孝宗時期抄寫的宫内廳本，則必廣校現今可見一切直接源出宋單疏本《儀禮》之文獻，兹將本校記匯校的版本、經解、批校本，按時間先後羅列如下：

1. 宋朱熹《儀禮經傳通解》三十七卷，採用《中華再造善本》影印宋嘉定十年（1217）南康道院刻元明遞修本，簡稱「《通解》」。

2. 宋魏了翁《儀禮要義》五十卷，採用臺北「故宫博物院」影印宋淳祐十二年（1252）魏克愚刻本，簡稱「《要義》」。

3. 明嘉靖元年（1522）或二年陳鳳梧刻《儀禮注疏》十七卷，採用日本東京大學東洋文化研究所藏本，簡稱「陳注疏本」。

4. 清乾隆末、嘉慶初黄丕烈士禮居影宋抄本《儀禮疏》四十四卷，採用《中華再造善本》影印本，簡稱「影宋抄本」。

5. 清嘉慶十一年（1806）張敦仁刊《儀禮疏》五十卷，採用重慶師顧堂影印上海圖書館藏本，簡稱「張敦仁本」。

6. 清道光十年（1830）汪士鐘藝芸書舍刻《重刊宋本儀禮疏》四十四卷，採用中國國家圖書館藏本（編號 13684），簡稱「影宋刻本」。

7. 天一閣博物院藏清顧廣圻批校北監本《儀禮注疏》十七卷，簡稱「天一閣顧校本」。

每條校記皆先標明此次影印宫内廳本排版頁碼、行數，再據宫内廳本出文。出文以分句爲單位，對異文處加着重號，以求醒目。出文之後，先列與宫内廳本文字相同者，再列與宫内廳本文字不同者，版本及文獻皆依時間先後排列。校記之末，酌情施加按斷。撰寫校記的目的，是揭示宫内廳本的脱誤及其價值，與此無關的異文，如宫内廳本文字與《通解》不同、宫内廳本文字與陳鳳梧注疏本、宫内廳本文字與张敦仁注疏本不同等，概不出校。此外，抄寫者或中原師直業已明確校改的文字脱訛，亦不出校。

一、卷第十五

001　第九頁第四行

「言兼卷，則每卿異席也者」，《要義》、陳注疏本、張敦仁本、影宋刻本同，影宋抄本「卷」誤作「眷」。

002　第九頁第七行

「案《公食大夫記》云」，陳注疏本、影宋抄本、張敦仁本、影宋刻本同，《要義》「記」作「既」。

003　第一〇頁第六行

「公升如賓禮」，《要義》、陳注疏本、張敦仁本、影宋刻本同，影宋抄本「升」誤作「才」。

004　第一三頁第六、七行

「云『言諸者，容牧者有三監』者」，《要義》、陳注疏本、影宋抄本、張敦仁本、影宋刻本「牧」下無「者」字。此句疏文屬於提示所解釋内容的提示語，對應的注文原文爲「言諸者，容牧有三監」，「牧」下並無「者」字。宫内廳本「牧」下「者」字當是抄寫時誤衍。

005　第一四頁第一、二行

「周制使伯佐牧，不置監監」，《通解》、《要義》、陳注疏本、影宋抄本、張敦仁本、影宋刻本不重「監」字。此是宫内廳本抄寫時誤衍。

006　第一四頁第三行

「言容有異代之法」，《通解》、《要義》、陳注疏本、張敦仁本、影宋刻本同，影宋抄本「容」作「空」，天一閣顧校本「容」字地脚朱筆寫「空」字（據天一閣顧校本體例，地脚朱筆所寫文字爲顧廣圻校勘時所見單疏本文字，下同）。影宋抄本、天一閣顧校本朱筆批注「容」皆作「空」，可見黄丕烈、顧廣圻所見宋刻遞修單疏本作「空」不作「容」。汪士鐘影宋刻本、張敦仁本作「容」，乃顧廣圻據北監本刻意校改，非據所見單疏而來。宋刻《通解》、宋刻《要義》、宫内廳本、陳鳳梧注疏本作「容」，可知南宋單疏初刻本作「容」。此「容」字位於單疏本第一葉B面第十二行之末，而第一葉右上角影宋抄本朱筆寫「修板」二字，意指此葉爲後期補板，已非原板。則此「空」字當是宋單疏本補板時新增之誤，原本並不誤。

007　第一四頁第六行

「此孤北面，初無加席者」，陳注疏本、影宋抄本、張敦仁本、影宋刻本同，《通解》、《要義》無「初」字。

008　第一四頁第六行

「皆是爲大尊屈之」，《通解》「皆」作「亦」，《要義》、陳注疏本、影宋抄本、張敦仁本、影宋刻本「之」下有「也」字。「之」下「也」字，當是宫内廳本抄寫時誤脱。

009　第一六頁第三行

「注『命長』至『再拜』」，陳注疏本、影宋抄本、張敦仁本、影宋刻本「再拜」作「暇也」。此是宮内廳本抄寫之誤。

010　第一八頁第五、六行

「以其上觶者已爲賔舉旅」，陳注疏本、影宋抄本、張敦仁本、影宋刻本同，《要義》「已」作「以」。

011　第一九頁第五行

「云『賔則以酬長，長則以酬賔』」，陳注疏本、影宋抄本、張敦仁本、影宋刻本「賔」下有「者」字。此是宮内廳本抄寫時誤脱。

012　第一九頁第五行

「釋經『若長』」，陳注疏本、影宋抄本、張敦仁本、影宋刻本「若」上有「若賔」二字，影宋抄本「若」作「右」。此句兩處異文分别是宮内廳本抄寫誤脱、影宋抄本抄寫時誤抄。

013　第二〇頁第二行

「前卿受獻不酢」，《通解》、陳注疏本、影宋抄本、張敦仁本、影宋刻本同，《要義》「酢」上有「酬」字。

014　第二二頁第四行

「決上即與賔得獻」，《要義》、陳注疏本、影宋抄本、張敦仁本、影宋刻本「即」作「卿」。此是宮内廳本抄寫之誤。

015　第二二頁第四、五行

「云『亦獻而後布也』者」，《要義》、陳注疏本、影宋抄本、張敦仁本、影宋刻本「布」下有「席」字。此是宮内廳本抄寫時誤脱。

016　第二二頁第六行

「明亦得獻後布即席也」，《通解》、《要義》、陳注疏本、影宋抄本、張敦仁本、影宋刻本「布即」作「即布」。此是宮内廳本抄寫時誤乙。

017　第二三頁第五、六行

「案《周禮》瞽矇掌播鼗」，《通解》、《要義》、陳注疏本、張敦仁本、影宋刻本同，影宋抄本「鼗」誤作「設」。

018　第二三頁第七行

「被不依琴瑟闇讀之」，影宋抄本同，《通解》、《要義》、陳注疏本、張敦仁本、影宋刻本「被」作「彼」，天一閣顧校本底本（北監本，下同）「被」作「彼」，「彼」字地脚朱筆寫「被」字。宮内廳本、影宋抄本、天一閣顧校本朱筆批注皆作「被」，可見宋刻單疏初刻印本、補修印本「彼」均誤作「被」。這一錯誤屬於比較明顯的形近致誤，《通解》、《要義》、陳注疏本、張敦仁本、影宋刻本不誤，當是據文義自行校改。

019　第二四頁第一行

「即詩注『曲合樂曰歌』」，《通解》、《要義》、陳注疏本、影宋抄本、張敦仁本、影宋刻本「注」下有「云」字。此是宮内廳本抄寫時誤脱。

020　第二四頁第四、五行

「於《冬官》，巧作者皆稱工」，《要義》、陳注疏本、影宋抄本、張敦仁本、影宋刻本「於」上有「至」字。此是宮内廳本抄寫時誤脫。

021　第二九頁第七行、第三〇頁第一行

「云『工拜於席』者，以經云工與左瑟」，陳注疏本、張敦仁本同，《要義》、影宋抄本、影宋刻本「與」作「興」，天一閣顧校本「與」字地脚朱筆寫「興」字。影宋抄本、影宋刻本、天一閣顧校本朱筆批注「與」皆作「興」，可見黄丕烈、顧廣圻所見宋刻遞修單疏本作「興」不作「與」。然宫內廳本、陳注疏本作「與」，宋刻《要義》作「興」，故不知宋單疏本原本是否亦作「興」。

022　第三二頁第二、三行

「謂爲大夫舉旅酬，行於酬，行於西階之上」，《要義》無「行於酬」三字，「旅」下「酬」字與「於西階」上「行」字互乙，陳注疏本、影宋抄本、張敦仁本、影宋刻本無「行於酬」三字。

023　第三八頁第五、六行

「故由楹由適東楹之東告于公」，《要義》同，陳注疏本、影宋抄本、張敦仁本、影宋刻本「楹由」之「由」作「内」。此處作「楹由」不通，當作「楹内」。宫內廳本、宋刻《要義》誤作「楹内由」，而影宋抄本、影宋刻本等本不誤，可見宋單疏初刻印本原誤作「楹由」，補修印本在補修時改作「楹内」。

024　第三九頁第二、三行

「工向東坫之東南，西面北上坐時」，陳注疏本、影宋抄本、張敦仁本、影宋刻本同，《要義》「面」作「南」。

025　第四〇頁第五、六行

「彼是士饗禮之法，莫問尊卑」，《通解》、《要義》、陳注疏本、影宋抄本、張敦仁本、影宋刻本「饗禮」上又有「饗禮」二字。此是宫內廳本抄寫時誤脫。

026　第四〇頁第七行

「此《燕禮》，國君燕其臣子」，《通解》、《要義》、陳注疏本、張敦仁本、影宋刻本同，影宋抄本「臣」作「君」，天一閣顧校本「臣」字地脚朱筆寫「君」字。影宋抄本、天一閣顧校本批注均作「君」，可見黄丕烈、顧廣圻所見宋刻遞修單疏本作「君」不作「臣」。汪士鐘影宋刻本、張敦仁本作「臣」，乃顧廣圻據北監本刻意校改，非據所見單疏而來。宋刻《通解》、宋刻《要義》、宫內廳本、陳鳳梧注疏本作「臣」，可知南宋單疏初刻本作「臣」，此「君」字當是宋單疏本補修時新增之誤，原本並不誤。

027　第四一頁第五、六行

「故雖舉旅行酬，而未位立司正」，《通解》、《要義》、陳注疏本、影宋抄本、張敦仁本、影宋刻本「未」下無「位」字。此是宫內廳本抄寫時誤衍。

028　第四二頁第五行

「云『君意殷勤，欲留賓飲酒……』」，《要義》、陳注疏本、影宋抄本、張敦仁本、影宋刻本「殷」作「躬」。此是宫內廳本抄寫時之誤。

029　第四三頁第二行

「兼羣臣其安也」，《要義》同，《通解》、陳注疏本、影宋抄本、張敦仁本、影宋刻本「其」作「共」。此處作「其」字不通，當作「共」。宮内廳本、宋刻《要義》誤作「其」，而影宋抄本、影宋刻本等本不誤，可見宋單疏初刻印本原誤作「其」，補修印本在補修時改作「共」。

030　第四四頁第二、三行

「云『降自阼階，以賔親徹，若君親徹然』者」，陳注疏本、張敦仁本、影宋刻本同，影宋抄本「阼」作「祚」，天一閣顧校本「阼」字地脚朱筆寫「祚」字。影宋抄本、天一閣顧校本批注均作「祚」，可見黄丕烈、顧廣圻所見宋刻遞修單疏本作「祚」不作「阼」。汪士鐘影宋刻本、張敦仁本作「阼」，乃顧廣圻據北監本校改，非據所見單疏而來。宮内廳本、陳鳳梧注疏本作「阼」，可知南宋單疏初刻本作「阼」，此「祚」字當是宋單疏本補修時新增之誤，原本並不誤。

031　第四四頁第七行、第四五頁第一行

「故大夫不敢獨在西階下，故復□復門東，北面位」，《通解》、陳注疏本、影宋抄本、張敦仁本、影宋刻本「故」下有「復位」二字。此是宮内廳本抄寫時誤脱。「故復」下宮内廳本有兩點，右側補兩字，其中上字殘損不可識，然據殘存墨跡似爲「位」，下字爲「復」，則宮内廳本或原已校補，今暫存此條以備參考。

032　第四六頁第四、五行

「排闔説屨於户内者」，《要義》、陳注疏本、張敦仁本、影宋刻本同，影宋抄本「闔」誤作「闉」。

033　第四六頁第五行

「披據尊者坐在室」，《通解》、《要義》、陳注疏本、影宋抄本、張敦仁本、影宋刻本「披」作「彼」。此是宮内廳本抄寫之誤。

034　第四七頁第六行

「膾鯉者」，《通解》、陳注疏本、影宋抄本、張敦仁本、影宋刻本「膾鯉者」上有「注云：『脅，腸閒脂。』此及大射其牲皆用狗，故知有肝膋狗胾。知有炮鼈」二十六字。此是宮内廳本抄寫時誤脱。

035　第四八頁第五行

「大夫祭庶」，影宋抄本、張敦仁本、影宋刻本「庶」作「薦」，陳注疏本删省經文提示語，無此句。此四字是經文提示語，對應經文原文即作「薦」，此是宮内廳本抄寫之誤。

036　第五一頁第五、六行

「云『其人數亦如是之』者」，陳注疏本、影宋抄本、張敦仁本、影宋刻本「如」下無「是」字。此是宮内廳本抄寫時誤衍。

037　第五四頁第一行

「『主人』至『位飲』」，影宋抄本、張敦仁本、影宋刻本「位」作「立」，陳注疏本删省經文起訖語，無此句。此四字是經文起訖語，對應經文原文即作「立」，此是宮内廳本抄寫之誤。

038　第五四頁第五、六行

「云『不洗者，以其賤』」，陳注疏本、影宋抄本、張敦仁本、影宋刻本「賤」下有「者」字。此是宮内廳本抄寫時誤脱。此處脱文，與下一條脱文均位於宋單疏本第八葉B面第十行，本行『者此乃』三字對應二字位，『云亦』二字對應一字位，而所脱二字恰好均對應單疏本擠刻的兩個位置。這一現象的一種可能的解釋，是單疏本原刻本即脱「者」「云」二字，後來修版時挖補、擠刻二字，而黄丕烈、汪士鐘所見單疏本恰爲補修後印本，因此二字不脱，而據單疏本原本抄寫的宮内廳本與單疏本原本一樣脱二字。當然，這一推測也可能是過度演繹，這二字也可能是因爲擠刻導致宮内廳本抄寫者未能看清而漏抄。無論如何，此例可以證明宮内廳本的錯字，也可能具有獨特的版本價值。

039　第五四頁第七行

「『亦畢獻乃薦之』者」，《通解》、陳注疏本、影宋抄本、張敦仁本、影宋刻本「亦」上有「云」字。此是宮内廳本抄寫時誤脱。

040　第五五頁第五、六行

「大射之時略於燕，至於射」，《要義》、影宋抄本、張敦仁本、影宋刻本「至」作「主」。此是宮内廳本抄寫之誤。

041　第五六頁第五行

「欲見此與《鄉射》因納射器後即張侯」，《通解》、陳注疏本、張敦仁本、影宋刻本同，影宋抄本「納」誤作「鄉」。

042　第五六頁第五、六行

「大射納射納器之後無張侯之事」，《通解》、陳注疏本、影宋抄本、張敦仁本、影宋刻本「器」上無「納」字。此是宮内廳本抄寫時誤衍。

043　第五六頁第六行

「是以恃言此也」，「恃」字。影宋抄本同，陳注疏本、張敦仁本、影宋刻本「恃」作「特」。宮内廳本、影宋抄本同誤作「恃」，可見宋刻單疏初刻印本、補修印本「特」均誤作「恃」。這一錯誤屬於比較明顯的形近致誤，陳注疏本、張敦仁本、影宋刻本不誤，當是據文義自行校改。

044　第五七頁第一行

「此《燕禮》每事皆先請於君」，《通解》、陳注疏本、張敦仁本、影宋刻本同，影宋抄本「請」誤作「諸」。

045　第五七頁第一、二行

「《大射》亦先請於君，故故大射初」，影宋抄本、張敦仁本、影宋刻本同，《通解》僅一「故」字，陳注疏本「故故」作「故曰」，天一閣顧校本底本「故故」作「故曰」，朱筆圈改作「故故」，天頭墨筆注云：「復衍一『故』字。」此處作「故故」不通，明顯有誤，顧廣圻已指出此處當衍一「故」字。然宮内廳本、影宋抄本、張敦仁本、影宋刻本均作「故故」，可知南宋單疏初刻本、補修本均誤作「故故」。《通解》删一「故」字，陳鳳梧注疏本改「故故」爲「故曰」，皆是據文義進行的校改。

046　第五八頁第七行、第五九頁第一行

「以翻旌獲」,《通解》、陳注疏本、張敦仁本、影宋刻本同,影宋抄本「翻」誤作「翻」。

047　第五九頁第四行

「皆與鄉射異也」,《通解》、陳注疏本、張敦仁本、影宋刻本同,影宋抄本「皆」誤作「告」。

048　第六〇頁第五行

「觚當爲觶」,《要義》、陳注疏本、張敦仁本、影宋刻本同,影宋抄本「觚」誤作「觧」。

049　第六〇頁第五、六行

「古者觶,角傍氏」,陳注疏本、影宋抄本、張敦仁本、影宋刻本同,《要義》「傍」作「旁」。

050　第六一頁第六、七行

「今言興,明不倦矣」,《要義》、陳注疏本、張敦仁本、影宋刻本同,影宋抄本「今」誤作「合」。

051　第六二頁第四行

「注『欲令惠均』」,陳注疏本、張敦仁本、影宋刻本同,影宋抄本「欲」誤作「飲」。

052　第六四頁第三、四行

「几樂事,正舞位」,影宋抄本同,《通解》、《要義》、陳注疏本、張敦仁本、影宋刻本「几」作「凡」,天一閣顧校本底本「几」作「凡」,「凡」字地脚朱筆寫「几」字。宮内廳本、影宋抄本、天一閣顧校本朱筆批注皆作「几」,可見宋刻單疏初刻印本、補修印本「凡」均誤作「几」。這一錯誤屬於比較明顯的形近致誤,《通解》、《要義》、陳注疏本、張敦仁本、影宋刻本不誤,當是據文義自行校改。

053　第六四頁第五行

「若據諸侯,爲世子之官」,陳注疏本、影宋抄本、張敦仁本、影宋刻本同,《要義》「世」作「庶」,天一閣顧校本天頭先以墨筆注云:「《要義》作『庶』,『世』是,『庶』非。」又以朱筆注云:「宋『世』。『世子之官』,注文也,宋是。」

054　第六四頁第六、七行

「掌公卿大夫士之適于」,影宋抄本同,《通解》、《要義》、陳注疏本、張敦仁本、影宋刻本「于」作「子」,天一閣顧校本底本「于」作「子」,「子」字地脚朱筆寫「于」字。宮内廳本、影宋抄本、天一閣顧校本朱筆批注皆作「于」,可見宋刻單疏初刻印本、補修印本「子」均誤作「于」。這一錯誤屬於比較明顯的形近致誤,《通解》、《要義》、陳注疏本、張敦仁本、影宋刻本不誤,當是據文義自行校改。

055　第六五頁第五行

「士左右正,謂樂正、僕人正也」,影宋抄本同,《要義》「左」上無「士」字,陳注疏本、張敦仁本、影宋刻本「士」作「云」,天一閣顧校本底本「士」作「云」,「云」字地脚朱筆寫「士」字。宮内廳本、影宋抄本、天一閣顧校本朱筆批注皆作「士」,可見宋刻單疏初刻印本、補修印本「云」均誤作「士」。這一錯誤屬於比較明顯的形近致誤，陳注疏本、張敦仁本、影宋刻本不誤，當是據文義自行校改。《要義》刪「士」字，當亦是因文義不通所作校改。

056　第六六頁第三、四行

「又知『僕人正』以下在小樂正之北上者」，《通解》無「上」字，陳注疏本、影宋抄本、張敦仁本、影宋刻本「北」下復有「北」字。此是宮內廳本抄寫時誤脱。

057　第六六頁第四行

「以《鄉射》弟子相工皆在西」，《通解》、陳注疏本、張敦仁本、影宋刻本同，影宋抄本「工」誤作「二」。

058　第六六頁第五行

「工堂上西階之東相工者」，陳注疏本、影宋抄本、張敦仁本、影宋刻本「工」上有「又」字。此是宮內廳本抄寫時誤脱。

059　第六七頁第五行

「工遷於下東坫之東南，西面，北上坐」，《通解》、陳注疏本、張敦仁本、影宋刻本同，影宋抄本「坐」誤作「堂」。

060　第六七頁第六、七行

「云『內小臣，奄人掌君陰事陰令，后夫人之官也』者」，「小臣」，陳注疏本、影宋抄本、張敦仁本、影宋刻本同，《要義》「臣」上無「小」字。

061　第六八頁第二行

「陰事，[君毛]妃御見之事」，影宋抄本同（[君毛]），《通解》、《要義》、陳注疏本、張敦仁本、影宋刻本「[君毛]」寫作「羣」。宮內廳本、影宋抄本「羣」字下旁均寫作「毛」，可見宋刻單疏初刻印本、補修印本「羣」均寫作「[君毛]」。

062　第七二頁第五行

「注『命徹』至『受也』」，陳注疏本、張敦仁本、影宋刻本同，影宋抄本「命」誤作「令」。

063　第七二頁第六行

「云『士旅酌，亦如之』者，亦如大夫相酌之法」，陳注疏本、影宋抄本、張敦仁本、影宋刻本同，《要義》無「者亦」二字。

064　第七五頁第一行

「此經云『士終旅上如初』」，陳注疏本、影宋抄本、張敦仁本、影宋刻本「旅」下有「於」字。此是宮內廳本抄寫時誤脱。

065　第七七頁第六行

「故使之在門爲大燭地」，影宋抄本、影宋刻本同，《要義》、陳注疏本、張敦仁本「地」作「也」，天一閣顧校本底本「地」作「也」，「也」字地脚朱筆寫「地」字。宮內廳本、影宋抄本、影宋刻本、天一閣顧校本朱筆批注皆作「地」，可見宋刻單疏初刻印本、補修印本「也」均誤作「地」。這一錯誤屬於比較明顯的形近致誤，《要義》、陳注疏本、張敦仁本不誤，當是據文義自行校改。

066　第七八頁第六行

「鄭注云『先奏鍾吹擊鼓』」，影宋抄本、張敦仁本、影宋刻本「吹」作「次」。此是宮內廳本抄寫之誤。

067　第七九頁第五、六行

「云『禮使人各以其爵』者」，陳注疏本、張敦仁本、影宋刻本同，影宋抄本「云」誤作「公」。

068　第八〇頁第五行

「云『敢者，怖懼用熱決之辭也』者」，影宋抄本同，陳注疏本、影宋刻本、張敦仁本「熱」作「勢」，天一閣顧校本底本「熱」作「勢」，「勢」字地脚朱筆寫「熱」字。宫内廳本、影宋抄本、天一閣顧校本朱筆批注皆作「熱」，可見宋刻單疏初刻印本、補修印本「熱」均誤作「熱」。這一錯誤屬於比較明顯的形近致誤，陳注疏本、影宋刻本、張敦仁本不誤，當是據文義自行校改。

069　第八三頁第三行

「故三者注皆不同也」，陳注疏本、影宋抄本、張敦仁本、影宋刻本同，《要義》無「也」字。

070　第八九頁第七行

「云君恒以大夫爲賓者」，陳注疏本、影宋抄本、張敦仁本、影宋刻本同，《要義》「恒」作「桓」。

071　第九一頁第五、六行

「云『《肆夏》，樂章也，今亡』者」，《要義》、陳注疏本、張敦仁本、影宋刻本同，影宋抄本「亡」誤作「云」。

072　第九一頁第七行、第九二頁第一行

「此歌之大者，載在樂崩，亦從而亡」，《要義》、陳注疏本、張敦仁本、影宋刻本「樂」上有「樂章」二字，影宋抄本「樂」上有「樂章」二字，「亡」誤作「云」。此兩處異文分别是宫内廳本抄寫時誤脱，影宋抄本誤抄。

073　第九五頁第一行

「注『新宫』至『終也』」，《要義》、陳注疏本、張敦仁本、影宋刻本同，影宋抄本「宫」誤作「官」。

074　第九八頁第五、六行

「尊者高而多，卑者庳而少」，陳注疏本、影宋抄本、張敦仁本、影宋刻本同，《要義》「庳」作「卑」。

075　第九九頁第七行

「涉等聚足，謂前足足躡一等」，《要義》、陳注疏本、影宋抄本、張敦仁本、影宋刻本不重「足」字。此是宫内廳本抄寫時誤衍。

076　第一〇一頁第一行

「趙盾避靈公，躇階而走」，《要義》、陳注疏本、張敦仁本、影宋刻本同，影宋抄本「公」誤作「云」。

077　第一〇五頁第七行、第一〇六頁第一行

「彼據教房中樂，待祭祀而用之」，《要義》、陳注疏本、張敦仁本、影宋刻本同，影宋抄本「用」誤作「思」。

二、卷第十六

078　第一〇九頁第四、五行

「中者得與於祭，不數中者不得與祭」，陳注疏本、影宋抄

本、張敦仁本、影宋刻本「中」上有「數」,「不得與」下有「於」字。此是宫内廳本抄寫時誤脱。

079　第一一一頁第四行

「宰先告君,君之使戒乃戒」,陳注疏本、影宋抄本、張敦仁本、影宋刻本同,《要義》「之使」作「使之」。

080　第一一三頁第二、三行

「謂若《天官》冢宰戒百宗官伯、大司寇之等重戒也」,《通解》、陳注疏本、影宋抄本、張敦仁本、影宋刻本「宗官」作「官宗」。此是宫内廳本抄寫時誤乙。

081　第一一九頁第一行

「矢於此乏遺不去也」,影宋抄本、張敦仁本、影宋刻本「遺」作「匱」。此是宫内廳本抄寫之誤。

082　第一一九頁第一、二行

「云『則此貍步六尺明矣』」,影宋抄本、張敦仁本、影宋刻本同,《要義》、陳注疏本「矣」下有「者」字。

083　第一一九頁第二行

「陰破先故鄭」,《要義》、陳注疏本、影宋抄本、張敦仁本、影宋刻本「鄭」上無「故」字。此是宫内廳本抄寫時誤衍。「故」字右側宫内廳本有小○,似是删除之意,今暫存此條以備參考。

084　第一一九頁第四行

「云『大侯,熊侯,之大者』」,陳注疏本、影宋抄本、張敦仁本、影宋刻本「之」上有「謂」字。此是宫内廳本抄寫時誤脱。

085　第一二二頁第一、二行

「《司裘》卿大夫下不言士」,《要義》、陳注疏本、張敦仁本、影宋刻本同,影宋抄本「士」誤作「七」。

086　第一二三頁第一、二行

「注云『此乏去侯北十文,西三丈』」,影宋抄本同,《通解》、陳注疏本、張敦仁本、影宋刻本「文」作「丈」,天一閣顧校本底本「文」作「丈」,「丈」字地脚朱筆寫「文」字。宫内廳本、影宋抄本、天一閣顧校本批注均作「文」,可見宋刻單疏初刻印本、補修印本「丈」均誤作「文」。這一錯誤屬於比較明顯的形近致誤,《通解》、陳注疏本、影宋刻本、張敦仁本不誤,當是據文義自行校改。

087　第一二三頁第七行

「三侯恐矢楊傷人」,《通解》、陳注疏本、影宋抄本、張敦仁本、影宋刻本「三」上有「以」字,「楊」作「揚」。此是宫内廳本抄寫之誤。

088　第一二六頁第五行

「云『糝侯之鵠方四尺六寸大半寸』者」,《要義》、陳注疏本、張敦仁本、影宋刻本同,影宋抄本「六」誤作「云」。

089　第一三一頁第一、二行

「自一丈以下猶有二丈二尺五寸小半寸在」,陳注疏本、影宋抄本、張敦仁本、影宋刻本「小」作「少」。此是宫内廳本抄寫之誤。

090　第一三一頁第三行

「云『前射三日，張侯設乏』」，陳注疏本、影宋抄本、張敦仁本同，影宋刻本「三」誤作「二」。

091　第一三六頁第四、五行

「云『鑄形如鍾而大』者」，《要義》、陳注疏本、影宋抄本、張敦仁本、影宋刻本「鑄」下無「形」字。此是宮内廳本抄寫時誤衍。「形」字右側宮内廳本有小〇，似是删除之意，今暫存此條以備參考。

092　第一四〇頁第六行

「是《尚書》云『笙庸以間』」，陳注疏本、影宋抄本、張敦仁本、影宋刻本同，《通解》無「是」字，《要義》「庸」作「鏞」。

093　第一四一頁第二行

「言國君合有三面」，陳注疏本、張敦仁本、影宋刻本同，《通解》無「言」字，影宋抄本「三」誤作「二」。

094　第一四二頁第三行

「今大予樂官有焉」，《通解》、陳注疏本、張敦仁本、影宋刻本同，《要義》、影宋抄本「予」作「子」。清乾隆武英殿本《儀禮注疏》所附《考證》云：「臣學健按：『大予』，漢樂官名，或本作『子』者誤。」阮元《儀禮注疏校勘記》亦從殿本《考證》之説，可知此處作「予」是，《要義》、影宋抄本誤。

095　第一四五頁第四行

「引《王制》者，證鼗以節樂之器」，《要義》同，陳注疏本、影宋抄本、張敦仁本、影宋刻本「以」作「爲」。影宋抄本、張敦仁本、影宋刻本均作「爲」，可見黄丕烈、顧廣圻所見宋刻遞修單疏本作「爲」不作「以」。宋刻《要義》、宮内廳本作「以」，可知南宋單疏初刻本作「以」，此「爲」字當是宋單疏本補修時新增之誤，原本並不誤。

096　第一四六頁第五行

「即葬下棺碑閒重鹿盧之輩」，《要義》、陳注疏本、張敦仁本、影宋刻本同，《通解》「輩」作「類」字，影宋抄本「閒」誤作「問」。

097　第一四七頁第三、四行

「今諸經皆以以承尊爵之曲」，《要義》、陳注疏本、影宋抄本、張敦仁本、影宋刻本「以」下無「以」字。此是宮内廳本抄寫時誤衍。

098　第一四七頁第四、五行

「不用本字之曲而用曲年之曲」，《要義》、陳注疏本、影宋抄本、張敦仁本、影宋刻本「曲年之曲」作「豐年之豐」。此是宮内廳本抄寫之誤。

099　第一四八頁第三行

「故云近自豆而卑」，影宋抄本、影宋刻本同，《通解》、《要義》、陳注疏本、張敦仁本「自」作「似」，天一閣顧校本底本「自」作「似」，「似」字地脚朱筆寫「自」字。倉石武四郎《儀禮疏攷正》云：「『自』，當從各本作『似』。」從文義看，倉石之說當是。宮內廳本、影宋抄本、影宋刻本、天一閣顧校本批注均作「自」，可見宋刻單疏初刻印本、補修印本「似」均誤作「自」。這一錯誤屬於比較明顯的音近致誤，《通解》、《要義》、陳注疏本、張敦仁本不誤，當是據文義自行校改。

100　第一四八頁第七行

「萬物成孰」，《要義》、陳注疏本、張敦仁本、影宋刻本同，影宋抄本「孰」誤作「熟」。

101　第一四九頁第一、二行

「家富民足，人情優暇」，陳注疏本、影宋抄本、張敦仁本、影宋刻本同，《要義》「暇」作「嘏」。

102　第一四九頁第五行

「錫錫者，十五升抽其半」，《通解》、《要義》、陳注疏本、影宋抄本、張敦仁本、影宋刻本「錫」下不重「錫」字。此是宮內廳本抄寫時誤衍。「錫」字右側宮內廳本有小○，似是刪除之意，今暫存此條以備參考。

103　第一四九頁第六、七行

「治其布使之滑易也」，《通解》、陳注疏本、影宋抄本、張敦仁本、影宋刻本同，《要義》「易」作「異」。

104　第一五〇頁第一行

「專其恩惠」，《通解》、《要義》、陳注疏本、張敦仁本、影宋刻本同，影宋抄本「專」誤作「尊」。

105　第一五〇頁第二行

「故皆尊尊鼻嚮君」，《通解》無「皆」字，《要義》、陳注疏本、影宋抄本、張敦仁本、影宋刻本「尊」下不重「尊」字。此是宮內廳本抄寫時誤衍。「尊」字右側宮內廳本有小○，似是刪除之意，今暫存此條以備參考。

106　第一五〇頁第二、三行

「決《鄉飲酒》尊于房户之問」，《通解》「決」作「若」，《要義》、陳注疏本、影宋抄本、張敦仁本、影宋刻本「問」作「閒」。此是宮內廳本抄寫之誤。

107　第一五〇頁第五、六行

「今設尊不應在鼓北而云鏄南者，實在鼓南」，《通解》、《要義》、陳注疏本、影宋抄本、張敦仁本、影宋刻本「實」上有「其」字。此是宮內廳本抄寫時誤脱。

108　第一五一頁第四行

「鬯又在五齊之上」，《通解》「鬯」上有「鬱」字，陳注疏本、影宋抄本、張敦仁本、影宋刻本「鬯」下有「鬱」字。此是宮內廳本抄寫時誤脱。

109　第一五一頁第五行

「此解名沙酒之意」，《通解》、《要義》、陳注疏本、張敦仁本、影宋刻本同，影宋抄本「解」寫作「觧」。

110　第一五一頁第六行

「取醆盎齊泲鬱鬯之事」，《通解》「事」下有「也」字，《要義》、陳注疏本、影宋抄本、張敦仁本、影宋刻本「醆」下有「酒」字。此是宮内廳本抄寫時誤脱。

111　第一五九頁第九行

「《文王》《鹿鳴》言之」，陳注疏本、張敦仁本、影宋刻本「文」上有「以」字，影宋抄本「言」誤作「古」。此是宮内廳本抄寫時誤脱。

112　第一六四頁第六行

「亦據酒時」，《要義》、陳注疏本、張敦仁本、影宋刻本「酒」上有「啐」字。此是宮内廳本抄寫時誤脱。

113　第一六五頁第一行

「故卒卒爵而樂闋」，《通解》、《要義》、陳注疏本、影宋抄本、張敦仁本、影宋刻本「卒」下不重「卒」字。此是宮内廳本抄寫時誤衍。

114　第一六五頁第二行

「云『尊賔之禮盛於也』者」，「於」字，《通解》、《要義》、陳注疏本、張敦仁本、影宋刻本「於」下有「上」字。此是宮内廳本抄寫時誤脱。

115　第一六五頁第三行

「是『尊賔禮盛於堂上』者也」，《通解》、《要義》、陳注疏本、張敦仁本、影宋刻本「禮」上有「之」字。此是宮内廳本抄寫時誤脱。

（解題、校理先後蒙山東大學石傑兄、北京大學蔡千千女史審正，特致謝忱）

圖書在版編目(CIP)數據

儀禮疏 / (唐) 賈公彦撰 ; 杜以恒解題、校理. 上海 : 上海古籍出版社, 2024. 11. --(群經單疏古鈔本叢刊 / 劉玉才主編). -- ISBN 978-7-5732-1355-6

Ⅰ. K892.9

中國國家版本館 CIP 數據核字第 2024QD7430 號

責任編輯:郭　沖
美術編輯:阮　娟
技術編輯:耿瑩禕

群經單疏古鈔本叢刊
劉玉才 主編
儀禮疏(全二册)
[唐]賈公彦 撰
杜以恒 解題 校理

上海古籍出版社出版發行
(上海市閔行區號景路 159 弄 1-5 號 A 座 5F　郵政編碼 201101)
(1) 網址: www.guji.com.cn
(2) E-mail: guji1@guji.com.cn
(3) 易文網網址: www.ewen.co

上海雅昌藝術印刷有限公司印刷

開本 889×1194　1/16　印張 14.5　插頁 4　字數 43,000
2024 年 11 月第 1 版　2024 年 11 月第 1 次印刷
ISBN 978-7-5732-1355-6/K・3716
定價: 298.00 元
如有質量問題,請與承印公司聯繫